职业教育“十四五”规划教材
职业教育课程改革规划创新教材

场景化企业模拟经营综合实训

罗奕奕　邵燕珠　主编

中国石化出版社
HTTP://WWW.SINOPEC-PRESS.COM
中国经济出版社
CHINA ECONOMIC PUBLISHING HOUSE
·北 京·

内容提要

本书作为中高职财经商贸类专业实训教材，采用线上线下混合式教学方法，以中高职学生的就业与创业故事为背景，注册一家小微企业，模拟企业经营，学生通过担任企业不同的工作岗位，明确各岗位职责与任务，在企业经营管理中，进行成本核算、订单管理、研发产品、开拓市场等，并通过运行记录表、利润表、资产负债表等进行数据整理与分析，注重各总监的过程性评价，即量化评价，如：规则练习、摆盘、填表等，通过学习积分制，取得相关的学分等级作为激励。

本书可作为职业学校财经商贸类专业的实训教材，也可作为在职人员培训用书或相关人员自学用书。

图书在版编目（CIP）数据

场景化企业模拟经营综合实训 / 罗奕奕，邵燕珠主编 . — 北京：中国石化出版社，2024. 9.

— ISBN 978-7-5114-7597-8

Ⅰ . F272.7

中国国家版本馆 CIP 数据核字第 2024KU9635 号

中国石化出版社出版发行

地址：北京市东城区安定门外大街 58 号

邮编：100011　电话：（010）57512500

发行部电话：（010）57512575

http：//www.sinopec-press.com

E-mail：press@sinopec.com

宝蕾元仁浩（天津）印刷有限公司

全国各地新华书店经销

*

787 毫米 × 1092 毫米 16 开本 21.75 印张 539 千字

2024 年 9 月第 1 版　2024 年 9 月第 1 次印刷

定价：69.00 元

前言

FOREWORD

本书作为中高职财经商贸类专业实训教材，同步开发数字教材，采用活页式工作手册形式呈现相关的实训内容。采用线上线下混合式教学方法，以中高职学生的就业与创业故事为背景，注册一家小微企业，模拟企业经营，描述生产型企业从无到有、从小到大的发展与壮大。学生通过担任企业不同的工作岗位，即总经理、财务总监、采购总监、生产总监、市场总监等，明确各岗位职责与任务，在企业经营管理中，进行成本核算、订单管理、研发产品、开拓市场等，并通过运行记录表、利润表、资产负债表等进行数据整理与分析，注重各总监的过程性评价，即量化评价，如：规则练习、摆盘、填表等，通过学习积分制，取得相关的学分等级作为激励。

本书对中高职学生进入社会进行创业、就业有一定的指导意义，培养了学生的岗位规则意识、现金流管理、成本费用控制、库存管理、市场分析及定位等能力。本书将工商登记、拓展、市场营销、财务数据分析等课程有机结合，通过沙盘动态摆盘，将企业经营管理、发展的方向通过盘面进行生动的呈现，并将摆盘的思路及实操通过微课进行动态呈现，极大地增加了企业经营管理学习的乐趣，让知识学习、成果体现可视化，做到岗课赛有机结合。其特点主要有：

1. 力求做到岗位规则、实操、评价相结合。

2. 追求实训的真实性、可操作性，将沙盘盘面推演与运行记录表结合，并以微课动态呈现各岗位的流程与职责。

3. 将书本动态化、可视化、趣味化，解决场景化企业经营模拟的多岗位互动过程中容易出现混岗记录、盘面易错的问题。

4. 本书贯穿人机交互、双师指导的教学理念，通过岗位任务引领教学，通过制作微课，树立微课机师教学理念。学生课前通过预学微课，导学岗位职责、沙盘规则；课中通过思维导图，按流程、岗位互动微课进行探究性学习；课后通过拓学微课，解决课堂重难点问题，针对易错点，查找原因，并运用财务指标进行企业诊断与案例分析。课程模块对应的课程体系如下：

模块一：企业认知（课程体系：工商登记与社会保险）

模块二：团队组建（课程体系：拓展）

模块三：企业初创（课程体系：会计基础）

模块四：企业发展（课程体系：市场营销）

模块五：数据说话（课程体系：财务管理）

5. 活页式，可任意拆页，采用彩色印刷，更有利于学生直观认知盘面。

本课程建议 36 课时，各模块的参考学时分布如下：

教学模块	教学任务	课时
模块一：企业认知	公司注册、公司架构、公司制度、经营模式	4
模块二：团队组建	岗位分工、岗位职责、公司团建	4
模块三：企业初创	企业筹建、商业规则、任务表单、分岗体验	12
模块四：企业发展	市场分析、产品策划、细分市场、定价策略	8
模块五：数据说话	财务指标、数据分析	4
模块六：案例拓展	传统作坊、现代工厂	4

本教材由罗奕奕、邵燕珠主编，模块一由邵燕珠、魏琴编写，模块二由李慧德编写，模块三由罗奕奕编写，模块四由陈纯编写，模块五由王立奋编写，模块六由罗奕奕、钟瑞编写，本书的数字化资源由罗奕奕、邵燕珠等同步建设与更新。

为了方便教师教学与学生自主学习，本书还增加培优线上课程资源：课程微信公众号、UMU 平台课程资源及网上数字化资源，如：同步规则训练、摆盘实操、新系统与竞赛说明等。

由于编者水平有限，错误之处敬请读者批评指正。读者可通过以下信箱进行意见反馈：1063681711@qq.com。

罗奕奕　邵燕珠

2024 年 3 月

目录

CONTENTS

模块四　企业发展

模块五　数据说话

模块六　案例拓展

模块一

企业认知

模块一
企业认知

情境导入

在风起云涌的时代，创业已成为许多人心中的梦想，然而这样的梦想却伴随着高失败率。你是否也有创业梦想呢？以下是一位创业者的独白，以此开篇，希望能对你有所启发。

故事开始于2015年，那个时候，我还是一名普通学生，我的梦想就是成为一名成功的创业者。我对市场有着敏锐的洞察力，因此在学生时期我便开始思考如何通过互联网来开拓新的商业领域。我和几个好友合伙创立了一家网络公司，宗旨是提供个性化的互联网服务，让消费者享受更加便捷的生活。创业团队由一群充满激情和创意的年轻人组成，我们拥有最先进的技术和最新的理念。然而我们的计划很快便遭遇了挫折。在公司刚刚起步时，我们便遭遇了商业模式的失败，在市场中遇到了竞争者，而我们的产品无法与他们竞争。我们的团队充满了无奈和失落，我们曾经那么自信满满的创业梦想在短短的时间内被摧毁了。但是我们并没有放弃，重新审视了自己，找出了自己的优势和不足之处。

不久，我们开始了一项新的尝试，经过认真研究和设想，打造了一款新的产品（一站式服务平台）。这款产品提供了广泛的服务内容，包括出行、餐饮、购物等，融合了市场上最新的服务理念，让我们的产品与众不同。然而在平台推出后，我们又一次遭遇了失败。这次我们的产品不受欢迎，无法适应市场需求，公司陷入了时间和经济的双重压力，逐渐走向破产的边缘。这个时候我才意识到创业之难，我们的团队最终无法承担这样的压力，渐渐散了。我本来以为自己可以通过创业获得成功，但是现实却告诉我，我们离成功还有很远的路要走。然而，我并不后悔自己的创业经历，这让我明白了失败的含义，失败不是终点。

正如故事主角所言，失败不是终点，而是新的起点。从失败中我们可以发现潜力，重新审视自己的不足之处。若是你，是否有这份不畏困难、屡败屡战的勇气与持之以恒追求理想的信念？

思维导图

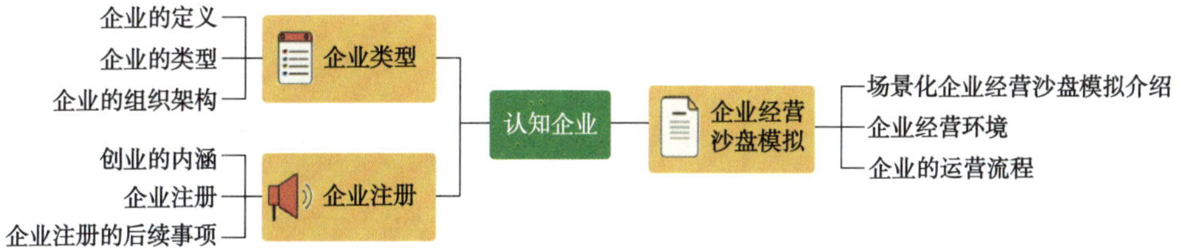

第一单元　企业类型

通过本单元，我们学会了：

1. 什么是企业；
2. 企业有哪些类型；
3. 不同企业类型之间有什么区别。

预学导知

企业、公司这些词我们都不陌生，但是大家对这些词了解多少呢？你知道其中的含义吗？有些同学甚至将企业等同于公司。为了避免闹笑话，下面我们就跟着智能助理来系统学习吧。

法律辨析

依照中国法律规定，公司是指有限责任公司和股份有限公司，具有企业的所有属性。因此，凡公司均为企业，但企业未必都是公司，公司只是企业的一种组织形态。

一、企业的定义

企业这个词我们都很熟悉，但其实企业并不是一个具体的组织形式，而是一个统称。公司是企业中最主要的、最典型的组织，它是社会发展的产物，因社会分工的发展而成长壮大。

知识讲解

企业一般是指以营利为目的，运用各种生产要素，如土地、劳动力、资本、技术和企业家才能等向市场提供商品或服务，实行自主经营、自负盈亏、独立核算的法人或其他社会经济组织。

二、企业的类型

企业是市场经济活动的主要参与者，各种企业并存，共同构成社会主义市场经济的微观基础。企业共包含四个大类，分别是个体工商户、个人独资企业、合伙企业和公司。具体的分类如图 1–1 所示。

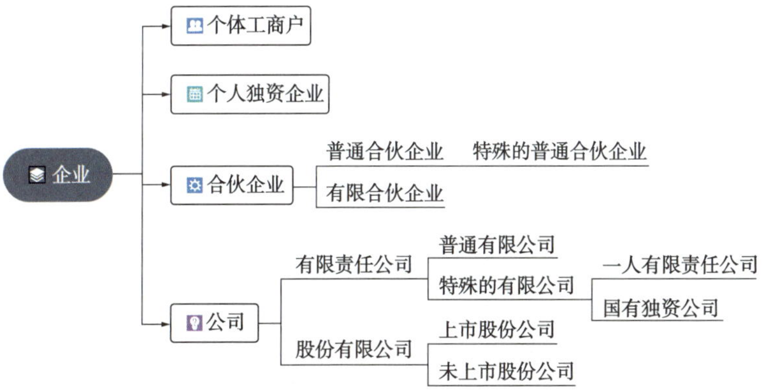

图 1–1　企业的类型

学习了企业的类型，我们对企业究竟是什么有了大概的了解。个体工商户、合伙企业、有限责任公司、股份有限公司这四种组织形式是最常见、数量最多的，它们在规模大小、法人地位、股东人数、企业名称、纳税申报、股东合作方式等方面都有很大的区别。下面我们以股东合作方式上的不同为例进行解说。

不同的企业类型股东合作方式的变化是有规律的。总体来讲，从个体工商户到股份有限公司，人的合作程度越来越低，资本的合作程度越来越高，股东之间的人情关系在递减，而契约关系在增加。关系图如图 1–2 所示。

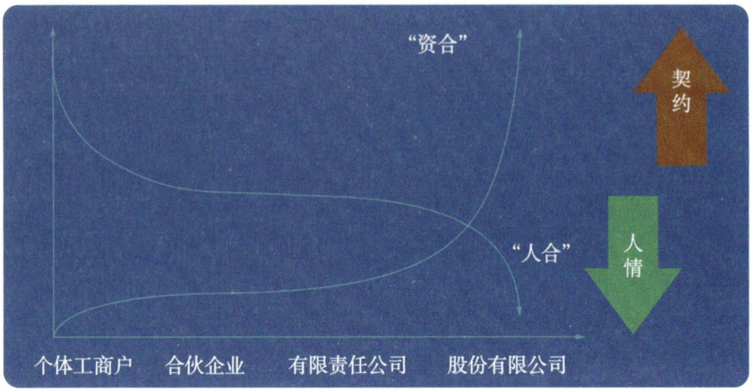

图 1-2　企业的契约、人情关系图

图文解说

	打个比方，我们把生意比作一盘蛋糕。
个体工商户 	个体工商户就是一个人买了个蛋糕回家，与一家人分享，不分你我。大多数个体工商户是夫妻家人。出于对彼此的绝对信任，在很多事情上都是口头约定，并不会签合同或协议。
合伙企业 	合伙企业就像是一个人买了个蛋糕，突然有好朋友提着礼物来串门，那当然要请人一起吃，但这个时候谁多吃谁少吃就变得重要了。现实中，大部分合伙企业正是由好朋友和同学合伙的，对于很多心照不宣的事情，他们会做口头约定，但对一些很重要的事，他们就会签订书面合同。

续表

<table>
<tr><td>有限责任公司
</td><td>有限责任公司就像是几个普通朋友凑份子买了个蛋糕，每个人按照自己出钱出力的比例分属于自己的那份。股东之间的人情关系相对更疏远了，股东不和、撤资也是常有的事。只要是与利益相关的事，他们都会签订协议，分清权责。</td></tr>
<tr><td>股份有限公司
</td><td>股份有限公司就像是一大群陌生人通过众筹的方式买了一个大蛋糕，然后严格按照出钱多少来分蛋糕。现实中，股份有限公司的股东闹矛盾、闹上法庭的事每天都在发生，因为他们之间几乎已经没有什么人情关系。</td></tr>
<tr><td colspan="2">从个体工商户到合伙企业，再到股份有限公司；从亲人到朋友，再到陌生人。这就是一个从身份到契约，从人合到资合的转变，其中的人情成分越来越低，契约成分越来越高。如果你也在创业或者有创业的想法，不妨也根据你自己对人情和契约的偏好，选择一个合适的组织形式。</td></tr>
</table>

拓练导学

排一排：判断以下四种企业的特性，根据人情关系和契约关系的强弱排序。

个体工商户　合伙企业　有限责任公司　股份有限公司

人情关系：(　　　　)、(　　　　)、(　　　　)、(　　　　)

弱 ——————→ 强

契约关系：(　　　　)、(　　　　)、(　　　　)、(　　　　)

弱 ——————→ 强

三、企业的组织架构

企业内部对工作要有正式安排，这就是组织架构。组织架构是保证企业正常运转的基本条件，是工作分工协作的前提。组织架构是企业的骨骼，是支撑企业的平台。组织架构的合理设计，才能保证部门化和岗位设置合理化。那么，如何做好组织架构的设计？

不同的企业根据实际需要会设置不同的组织架构。常见的企业组织架构类型有直线制、职能制、直线职能制、事业部制、矩阵式，不同的组织架构各有优缺点。当然，世界上不会存在非常完美的组织架构，也不会存在一无是处的组织架构，组织架构的设计和管理需要根据企业的发展实际，不断进行调整。下面以生产型企业为例，介绍一种常见的企业组织架构，如图 1–3 所示。

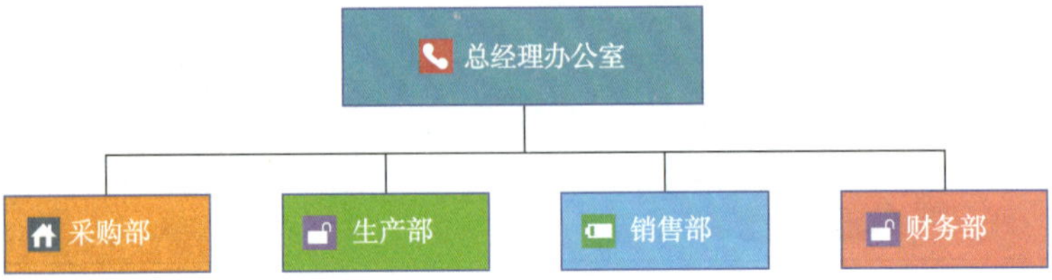

图 1–3　企业的组织架构

总经理办公室——企业的决策机构，对企业整体运营负责。具体涉及企业的战略制定、团队管理、过程管理、协同管理等。

采购部——企业物料的供应部门，重点管理企业原料供给。具体涉及企业的材料订购、材料库存管理、材料付款等。

生产部——企业的制造中心，重点管理企业的厂房和设备。具体涉及企业的设备采购、生产管理、研发管理、在产品管理等。

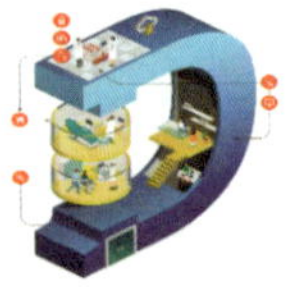

销售部——企业的先头部队，重点管理企业的市场。具体涉及企业的市场开拓、营销策划、订单管理、货款回收等。

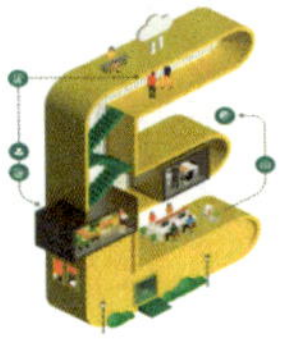

财务部——企业的重要职能部门，重点管理企业的资金。具体涉及企业的资金管理、往来管理、费用管理和报表核算等。

第二单元　企业注册

通过本单元，我们学会了：

1. 什么是创业；

2. 企业注册有哪些流程；

3. 企业注册后仍需要办理哪些后续事项。

预学导知

随着社会的不断发展，创业已经成为越来越多人的选择。为了鼓励创新创业，国家出台了一系列鼓励政策，为创业者提供更多支持。同时也要提醒大家，创业是一项庞大的工程，涉及融资、选址、营销等诸多方面，因此在创业前，一定要进行细致的准备。

一、创业的内涵

一般来说，对创业的理解有广义和狭义之分。广义的创业，是指创造一番事业。狭义的创业则是指创办一个企业。创业是一个具有许多不确定性和风险的社会工程。要取得创业的成功，既需要很多资源和条件，更需要创业者具备较高的能力素质。

知识讲解

创业是创业者及创业搭档对他们拥有的资源或通过努力对能够拥有的资源进行优化整合，从而创造出更大的经济或社会价值的过程。创业是一种需要创业者及其创业搭档组织经营管理，运用服务、技术、器物作业的思考、推理和判断的行为。

有很多创业者在创业道路上往往会遇到各种各样的问题。要做一名合格的创业者，就必须学会去面对这些问题，学会和自己的创业搭档共同去解决这些问题，积累经验，使事业有条不紊地发展下去。

二、企业注册

公司注册是开始创业的第一步。一般来说，公司注册的流程包括：企业核名→提交材料→领取执照→刻章，就可以完成公司注册，进行开业准备了。

图文解说

企业注册需要以下流程

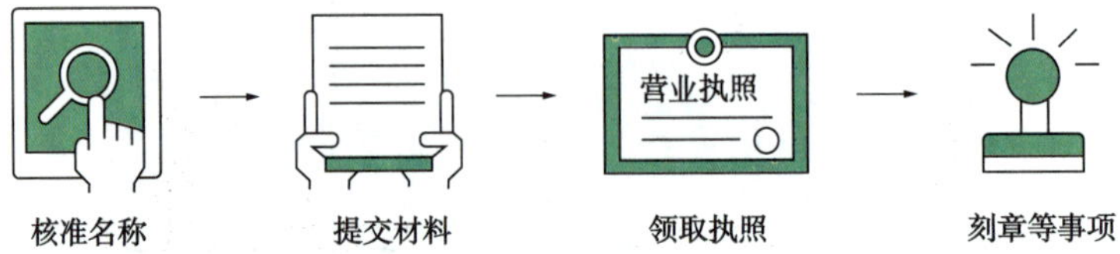

续表

第一步　核准名称 	操作：确定公司类型、名称、注册资本、股东及出资比例后，可以去工商局现场或线上提交核名申请。 结果：核名通过，失败则需重新核名。
第二步　提交材料 	操作：核名通过后，确认地址信息、高管信息、经营范围，在线提交预申请。在线预审通过之后，按照预约时间去工商局递交申请材料。 结果：收到准予设立登记通知书。
第三步　领取执照 	操作：携带准予设立登记通知书、办理人身份证原件，到工商局领取营业执照正、副本。 结果：领取营业执照。
第四步　刻章等事项 	操作：凭营业执照，到公安局指定刻章点办理：公司公章、财务章、合同章、法人名章、发票章。至此，一个公司注册完成。

法律辨析

企业在起名时，建议先将名称在“国家企业信用信息公示系统”上查询是否已经被注册，已注册的名称不能重复使用。要树立法律意识，不能侵权使用已注册企业名称。若发现本公司名称被盗用，可以使用法律武器维护企业利益。

常见的公司名称一般有 3 种形式，不同形式之间并没有本质区别，注册时任选其一即可。注意：注册企业名称应当使用符合国家规范的汉字，不得使用汉语拼音字母、阿拉伯数字。

1. 地区 + 字号 + 行业 + 组织形式

例：广州好友米信息技术有限责任公司

2. 字号 +（地区）+ 行业 + 组织形式

例：好友米（广州）信息技术有限责任公司

3. 字号 + 行业 +（地区）+ 组织形式

例：好友米信息技术（广州）有限责任公司

拓练导学

模拟训练：

请参照上文的案例，给你的企业命名吧。

你的企业名称是 ____________________

三、企业注册的后续事项

企业注册完成后，还需要办理以下事项。

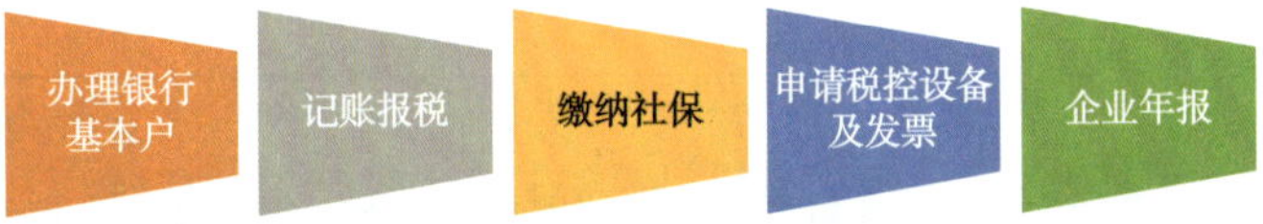

1. 办理银行基本户——基本户是公司资金往来的主要账户，经营活动的日常资金收付以及工资、奖金和现金的支取都可以通过这个账户来办理。每个公司只能开一个基本户。

2. 记账报税——公司成立后一个月起，需要会计每月记账并向税务机关申报纳税。企业将根据税务部门核定的税金进行申报与缴纳。

3. 缴纳社保——公司注册完成后，需要在 30 天内到所在区域的社保局开设公司社保账户，办理社会保险登记证及 CA 证书，并和社保、银行签订三方协议。

4. 申领税控设备及发票——如果企业要开发票，需要申办税控器，参加税控使用培训，核定申请发票。

5. 企业年报——每年 1 月 1 日至 6 月 30 日，企业应当报送上一年年度报告，内容包括公司基本情况简介、主要财务数据和指标、股本变动及股东情况等。

拓练导学

模拟训练： 从创业者的角度，想一想你想成立一家怎样的企业，请尝试在下图的空白营业执照中写下你创建的企业信息。

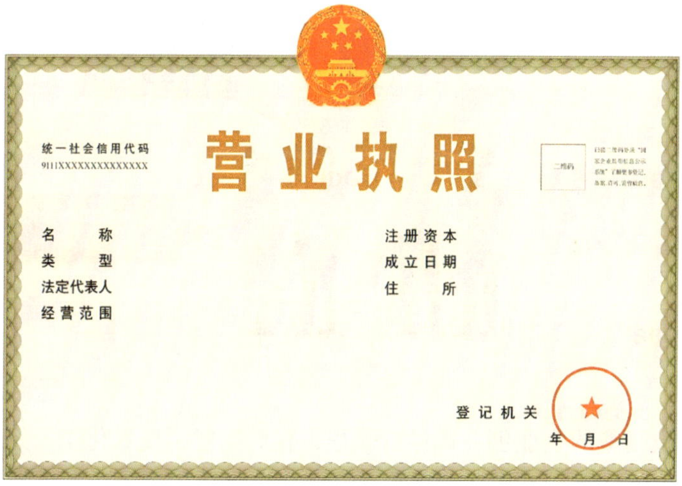

第三单元　沙盘模拟

通过本单元，我们学会了：

1. 什么是场景化企业经营沙盘模拟；
2. 根据企业经营的内外环境，思考经营之道；
3. 分析企业的运营流程，思考企业运作的本质。

预学导知

为了体验完整的企业创业和经营流程，我们构建了场景化企业经营环境，模拟商业场景，设计了一套集情景式教学、互动教学、自主学习、角色实训于一体的教学体系。同学们可以通过本课程体验，利用沙盘的各种应用工具，通过角色扮演、情景演练以及对企业经营管理的模拟来培养团队精神和全面提升管理能力。

一、场景化企业经营沙盘模拟介绍

场景化企业经营沙盘模拟是针对先进的现代企业经营与管理技术而设计的角色体验课程。该教学实训的基础背景是设定一家从事制造业生产的企业，实训体验中把学生分成若干组，成立虚拟企业，让每个小组成员分别担任公司中的不同职位，通过自己动手，进行实际推演，连续完成 5~7 年的企业经营操作。该实训涉及整体战略、广告投放、产品研发、生产物资需求计划、资金需求规划、市场与销售、财务管理、团队沟通与协作等多个方面，使学生充分了解企业的运营流程和业务流程，感悟企业经营的思路和管理理念。

知识讲解

经营沙盘模拟，是针对企业 ERP（企业资源计划，Enterprise Resource Planning）沙盘模拟游戏而研发的一种企业培训课程，是一门集知识性、趣味性、对抗性于一体的经营管理类实战演练课程。模拟沙盘各职能中心涵盖了企业运营的所有关键环节：战略规划、资金筹集、市场营销、产品研发、生产组织、物资采购、设备投资与改造、财务核算与管理等，把企业运营所处的内外环境抽象为一系列的规则，由受训者组成小组共同完成对企业的经营。

二、企业经营环境

企业运作离不开经营环境。经营环境是影响企业生产经营活动的外部条件，是制约企业生存和发展的重要因素。企业经营环境包括外部环境、任务环境、内部环境等方面，详见图 1–4。

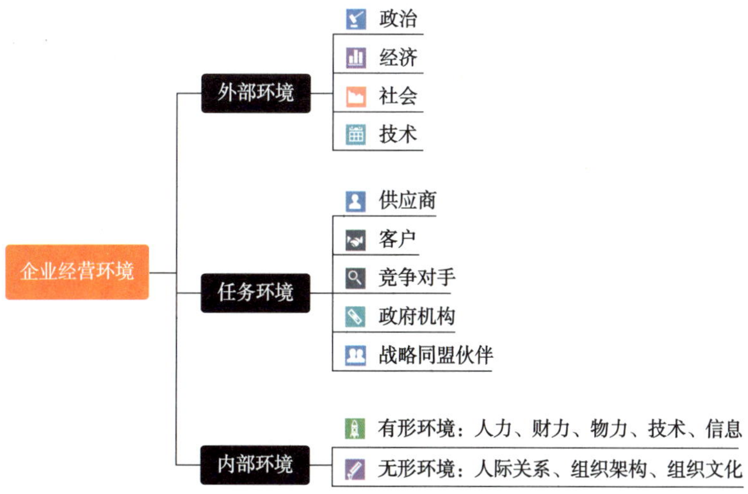

图 1–4　企业的经营环境

为体验企业经营的全过程，场景化企业经营沙盘模拟设置了完整的企业经营环境，包含创业园区、工商管理部门、银行、原料供应区、设备供应区、商品销售区等，如图 1–5 所示。

图 1–5　场景化企业经营沙盘模拟的环境布置

拓练导学

写一写：请搜索并写出各区域分别发挥的作用。

1. 创业园区 ______________________
2. 工商管理部门 ______________________
3. 银行 ______________________
4. 原料供应区 ______________________
5. 设备供应区 ______________________
6. 商品销售区 ______________________

三、企业的运营流程

一个好的企业需要一套系统完整的运营流程。运营流程是一个企业进行生产经营或者贸易等工作的程序。具体有以下几方面：

人员招聘	员工培训	企业管理	风险规避
1	2	3	4
人是企业存在的根本，招人的环节是公司运作的第一步。招聘的时候主动出击才能抓住一大批潜在员工。	企业会从沟通技巧、客户维护技巧以及客户谈判技巧等方面对员工加以培训，以提高企业的整体业绩。	企业制定了员工的薪金制度、规章制度以及竞争机制，激发员工的积极性，将企业盘活起来。	当企业获得业绩后，重点会转移到风险控制上，做好预见性分析，并妥善处理好风险问题。

企业的运营流程有其规律，认识了流程的规律，才能更好地掌握企业运作本质。一般企业的运营流程包含信息流、物料流和资金流三种类型。在企业经营沙盘模拟中，我们以生产型企业为对象进行模拟运营，其运营流程如图 1-6 所示。

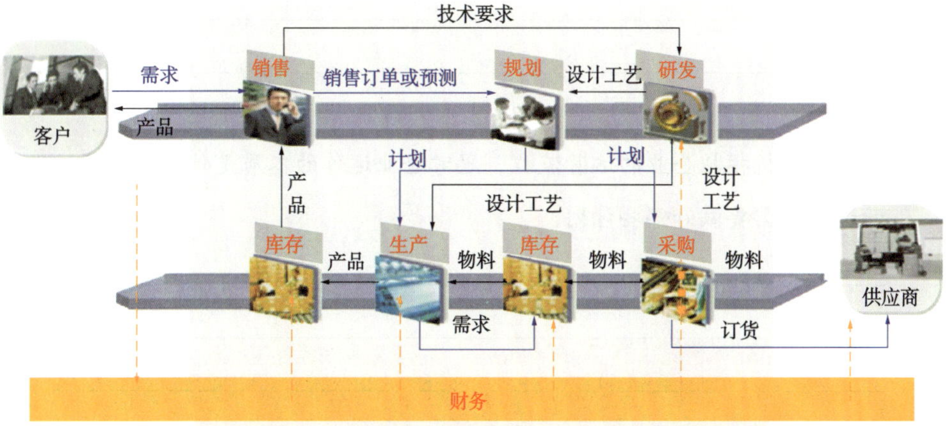

图 1-6　企业经营沙盘模拟中的企业运营流程

信息流是企业决策和计划，物料流是企业计划的具体执行和实施，资金流则是计划实施的配套和保障。三个流程相互配合，共同影响着企业的运作效率。

拓练导学

想一想：

1. 综合考虑企业经营的内部环境、外部环境，结合企业目标和企业文化，思考企业经营过程中需要什么策略？

2. 分析模拟企业的运营流程，思考企业运作的本质是什么？企业运营过程中需要做好哪些计划？

模块二

团队组建

模块二
团队组建

情境导入

有一个装扮很像魔术师的人来到一个村庄，他向迎面而来的人说：“我有一颗汤石，如果将他放入烧开的水中，会立刻变出美味的汤来，我现在就煮给大家喝。”

这时有人就找了一口大锅，有人提了一桶水，并且架上炉子和木材，就在广场煮了起来。这个陌生人很小心地把汤石放入滚烫的锅中，然后用汤匙尝了一口，很兴奋地说：“太美味了，如果再加入一点洋葱就更好了！”立刻有人冲回家拿了一堆洋葱，陌生人又尝了一口：“太棒了，如果再放一点肉片就更香了！”有一个妇人快速回家端了一盘肉来，“再有一些蔬菜就完美无缺了！”陌生人建议道。在陌生人的指挥下，有人拿了盐，有人拿了酱油，也有人拿了其他的材料。

当大家一人一碗蹲在那里享用时，他们发现这真是天底下最美味的东西。很多时候，成功并不是一个人的努力就可以完成的，需要更多依靠团队的力量。那么如何才能组建一个团结高效的团队呢？让我们一起来学习吧！

思维导图

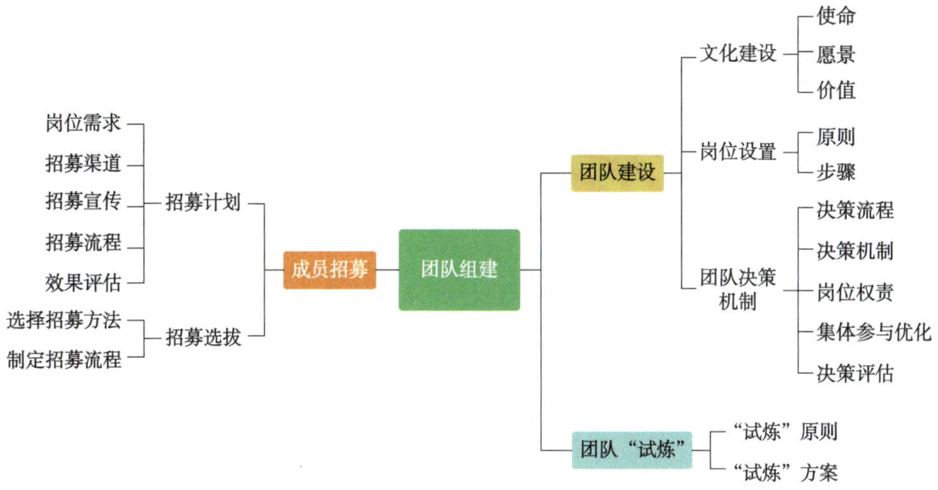

第一单元　团队建设

通过本单元，我们学会了：

1. 正确设定团队使命和愿景；
2. 根据团队需求设定岗位；
3. 建立高效的团队决策机制。

一、团队文化建设

想要建立有效率的团队，就必须塑造追求卓越的企业文化和团队文化，通过具有凝聚力的团队文化使团队成员之间能够取长补短，相互信任，相互支援，同舟共济，变阻力为助力，变助力为合力。

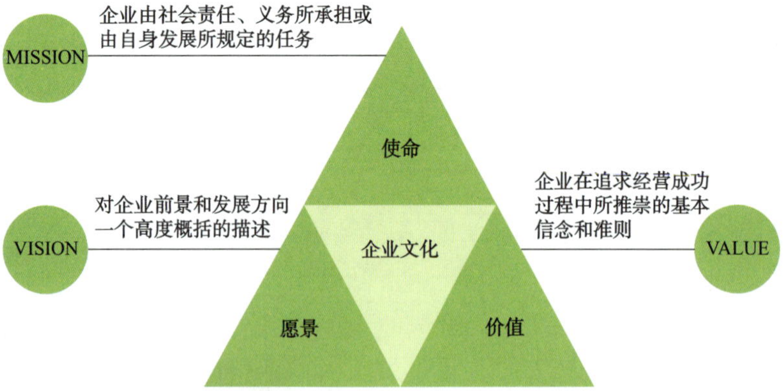

📖 任务1：团队文化建设

请以团队领导者的角色制定属于自己团队的使命、愿景和价值吧！

二、岗位设置

岗位设置是指根据组织的需求和职能划分，将不同的工作任务分配给不同的岗位，并明确岗位的职责和权限。

岗位设置对组织来说具有重要的意义。合理的岗位设置能够明确组织的目标和职能，使组织的工作更加有序和高效；岗位设置能够合理分配工作任务，避免冗余和重复，提高工作效率；岗位设置能够明确员工的职责和权限，使其在工作中更好地发挥自己的能力和才华。

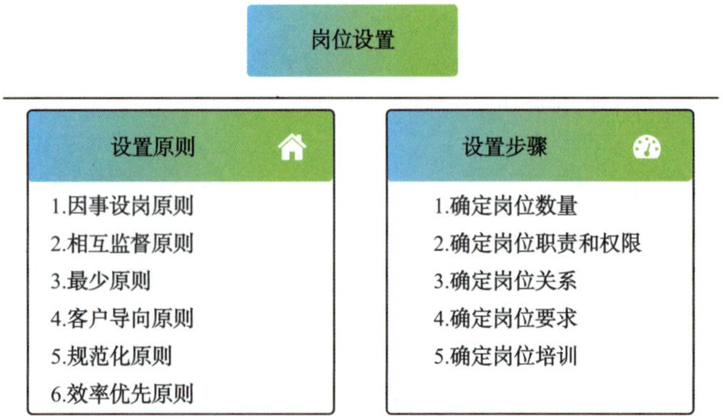

ERP 沙盘模拟对抗实训课程借助沙盘道具，基本再现了制造企业经营管理的过程，将企业的主要部门和工作对象制作成类似的实物或电子虚拟模型，将企业运行过程设计为动作规则，进而模拟企业的经营过程。

通常，ERP 沙盘模拟团队岗位可以设置 6 人岗或者 5 人岗，也可以根据团队自身需求增减，如果团队不足 5 人，1 个参与者可以身兼多职。

目前，常见的 6 人团队岗位设置包括：企业总经理（CEO）、财务总监、会计主管、生产总监、市场总监、采购总监；5 人团队岗位设置包括：企业总经理（CEO）、财务总监、采购总监、生产总监、市场总监。

任务 2：企业岗位设置

请以团队领导的角色设置团队的岗位名称、岗位人数和岗位职责。

团队岗位设置表

团队名称　　　　职位总数　　　　团队总人数

岗位名称	岗位人数	岗位职责	备注

三、建立团队决策机制

课前小故事

一位年轻的炮兵军官上任后，到下属部队视察操练情况，发现有几个部队操练时有一个共同的情况：

在操练中，总有一个士兵自始至终站在大炮的炮筒下，纹丝不动。

经过询问，得到的答案是：操练条例就是这样规定的。原来，条例因循的是用马拉大炮时代的规则，当时站在炮筒下的士兵的任务是拉住马的缰绳，防止大炮发射后因后坐力产生的距离偏差，减少再次瞄准的时间。

现在大炮不再需要这一角色了，但条例没有及时调整，出现了不拉马的士兵。这位军官的发现使他受到了国防部的表彰。

同学们，故事中的团队管理出现了什么问题？你知道可以如何避免出现类似的问题吗？

建立高效团队决策机制的步骤：

在企业团队中，决策并不是一个人单独完成的，而是整个团队协作完成的。

一个好的团队决策机制，可以最大限度地利用每个员工的智慧和才能，确保决策的正确和及时。那么，如何在团队中建立良好的决策机制呢？

第一步　制定决策流程

决策流程可以看作指导团队在决策时所需遵循的步骤和环节。建立团队决策机制要从明确决策路径开始，比如确定决策主体、参与人员、决策节奏、时间规划等。决策要经过论证、审议、决策，然后在实践中去检验，以达到决策质量的提高，节约公司资源，提高效率和效益。

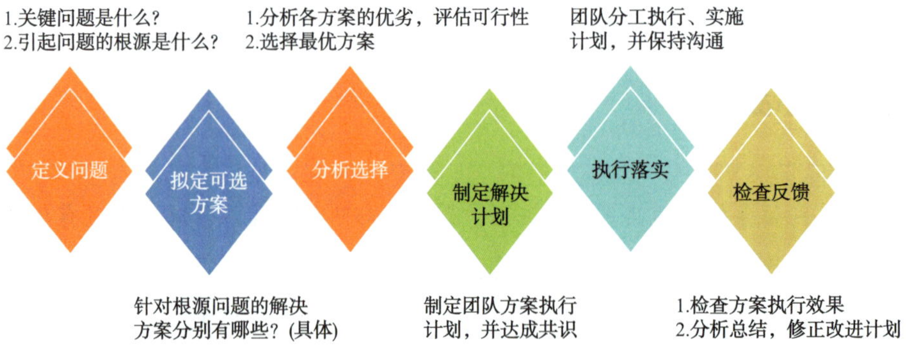

第二步　建立高效决策机制

在企业中，权威决策机制很常见，但是权威式的解决方案过于垄断化，且容易存在主观性而导致浪费团队中其他人的智慧，还容易导致团队成员的流失。

建立高效决策机制的关键在于有效沟通和明确分工。有效沟通能够帮助团队成员及时获取信息，理解团队目标和任务，协调工作进程，及时反馈和改进工作成果；明确分工可以避免团队成员之间的重复工作和相互推卸责任的情况发生。

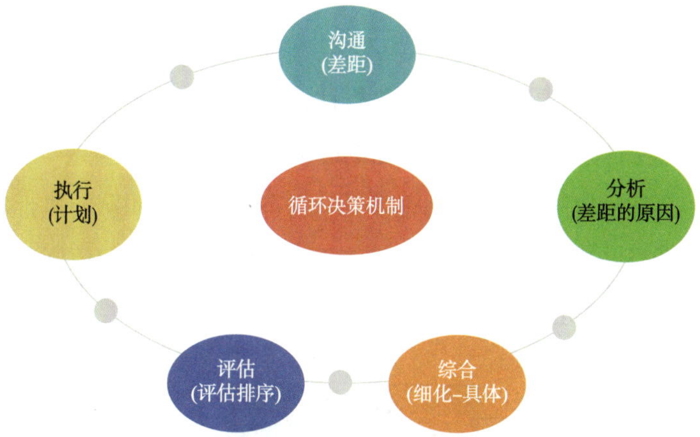

第三步　明确岗位权责

岗位权责不是用职位来判断，而是以分内工作是否达标来评价。每个人都应该明确自己的职责，明确问题所在。

当然在建立岗位权责的同时，我们也要考虑如何平衡各个岗位的利益和权益，确保公正、平等的决策和执行，使成员在团队中不会产生太大的抵触和分歧。

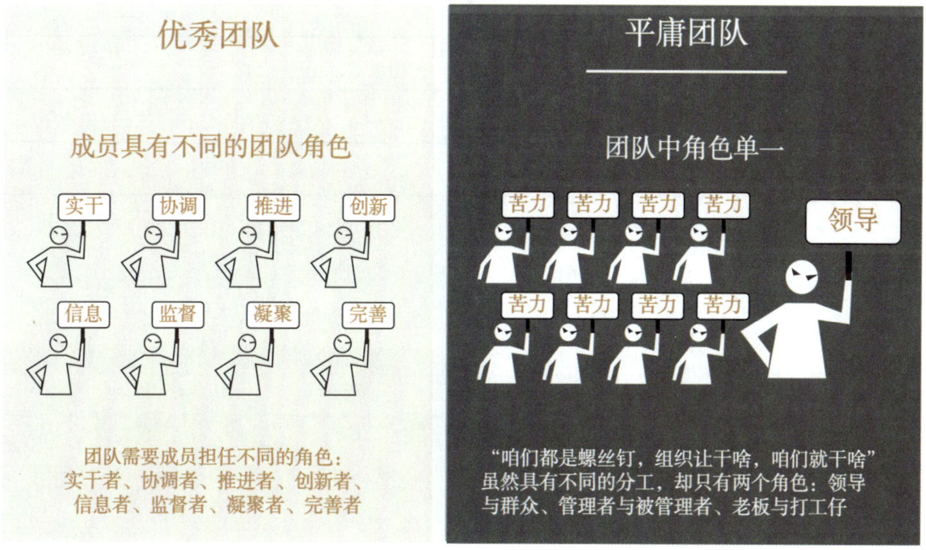

第四步　优化集体决策参与方式

团队成员参与决策的程度，是决策集体化的一个重要表现形式。需要考虑决策环境、制度、文化等诸多因素，需要考虑如何平衡所有的力量。

团队要生成有效思考，加强团队执行力度，需要充分讨论，针对问题进行统一的查找和决策。在整个过程中，要避免不对等的参与和决策形式的反复无常，否则会导致团队成员无所适从。

第五步　评估、优化决策

好的决策机制，需要对决策过程进行评估和反馈。如果发现某项决策导致了问题，就立即进行修补，可以避免问题的继续扩大。

在团队中建立良好的决策机制很重要，它有助于提高团队的执行效率和执行效果。最重要的是，在整个过程中要坚信团队合作和正确的价值观，才能为团队和个人带来更大的成功。

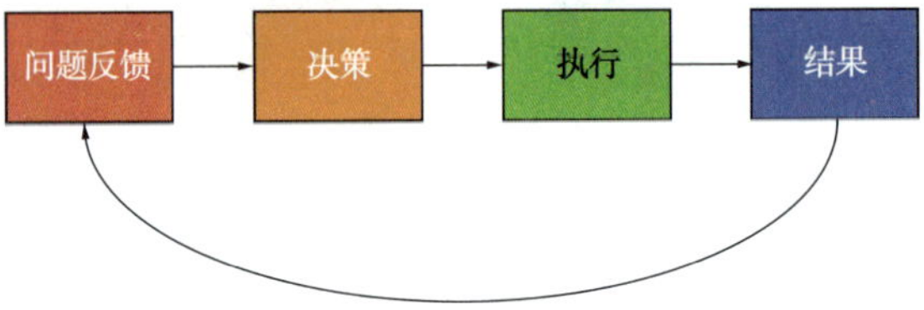

📖 任务 3：建立团队决策机制

请以团队领导的角色，根据自己团队的岗位设置情况，分步骤建立团队的决策机制。

第二单元　成员招募

通过本单元，我们学会了：

1. 制定招募计划；
2. 编写个性化招募宣传语；
3. 针对性制定招募测评方案。

☺ 课前小故事

一家外企招募白领职员，吸引了不少人前去应聘。应聘者中有本科生，也有研究生，他们头脑聪明、博学多才，是同龄人中的佼佼者。

聪明的董事长知道，这些学生有渊博的知识做后盾，书本上的知识是难不倒他们的，于是公司人事部就策划了一场别开生面的招募会。

招募开始了，董事长让前 6 名应聘者一起进来，然后发了 15 元钱，让他们去街上吃饭，并且要求：必须保证每个人都要吃到饭，不能有一个人挨饿。

6 个人从公司里出来，来到大街拐角处的一家餐厅。他们上前询问就餐情况，服务员告诉他们，虽然这儿米饭、面条的价格不高，但是每份最低也得 3 元。他们一合计，照这样的价格，6 个人一共需要 18 元，可是现在手里只有 15 元，无法保证每人一份。于是，他们垂头丧气地出了餐厅。

回到公司，董事长问明情况后摇了头，说："真的对不起，你们虽然都很有学问，但是都不适合在这个公司工作。"

其中一人不服气地问道："15 元钱怎么能保证 6 个人全都吃上饭？"

董事长笑了笑说："我已经去过那家餐厅了，如果 5 个或 5 个以上的人去吃饭，餐厅就会免费加送一份。而你们是 6 个人，如果一起去吃的话，可以得到一份免费的午餐，可是你们每个人只想到自己，从没有想到凝聚起来，成为一个团队。这只能说明一个问题，你们都是以自我为中心、没有一点团队合作精神的人。而缺少团队合作精神的公司，又有什么发展前途呢？"

一、制定招募计划

成员招募是组建团队的关键，招募成员的质量，直接关乎团队未来的运营效率和效果。

成员招募的第一步是制定招募计划，梳理团队招募需求、招募渠道、招募宣传和招募流程是制定招募计划的核心。

成员招募计划

任务1：撰写招募宣传语

请以团队领导的角色，根据自己团队的招募需求，撰写一份团队的招募宣传语，形式不限，吸引人是关键。

二、招募选拔

常见的招募选拔方法有履历分析、笔试、面试、标准化测验、情景模拟、小组讨论、内部推荐等，每种方法各有优劣，一般可以多种方法结合使用。

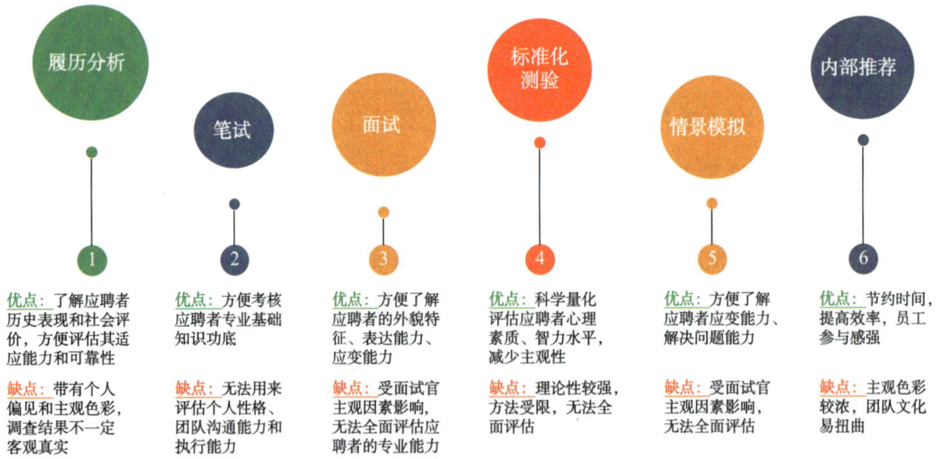

确定选拔方法后，制定高效、标准的招募流程也非常重要。

（1）可以规范招募行为。招募工作并不是个人可以独立完成的工作，制定明确的招募流程能使招募工作固定化、规范化，防止出现差错。

（2）可以提高招募的质量。明确的招募流程会让整个招募工作更加科学、合理，从而有效提高招募质量，同时降低招募成本。

（3）可以展示公司形象。招募活动严谨、科学而富有效率，会让应聘者对企业产生好感，从而提高企业的形象。

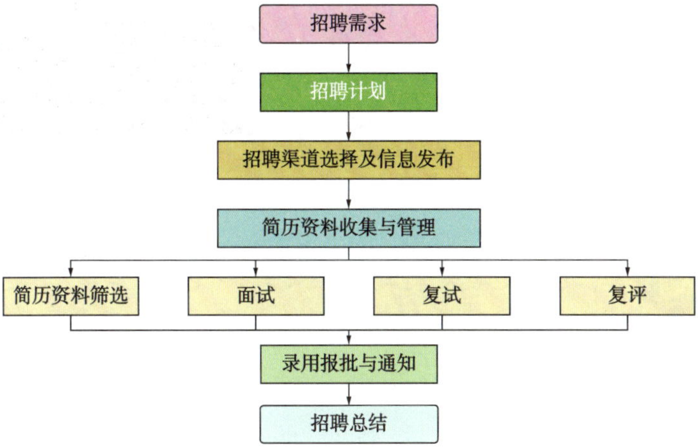

📖 任务2：制定招募流程

请根据自己团队的招募需求，选择适合的选拔方法，然后制定一份标准的招募流程。

第三单元　团队试炼

通过本单元，我们学会了：

1. 了解团队试炼的意义和原则；
2. 设计有趣的团队建设方案；
3. 正确评估团建效果。

案例导入

移动通信行业发展快速，产品几乎每 18 个月就更新换代。为反映这一行业特征，诺基亚在中国的 5000 多名员工的平均年龄只有 29 岁，诺基亚希望他们能跟上快节奏的变化，采取“投资于人”的发展战略，让公司获得成功的同时，个人也可以得到成长的机会。

在诺基亚，一个经理就是一个教练，他们知道怎样培训员工来帮助他们做得更好，不是“叫”他们做事情，而是“教”他们做事情。

经理人在教他的工作伙伴做事情，建立团队时，要力求设计合理的团队结构，让每个人的能力得到发挥。没有完美的个人，只有完美的团队，唯有建立健全的团队，企业才能立于不败之地。

诺基亚是移动电话市场的旗舰厂商，在市场竞争日益激烈的情况下，诺基亚的移动电话增长率持续高于市场平均增长率，从 1998 年起就成为全球手机销售龙头，占有全球 1/3 的市场份额，几乎是排名第二的竞争对手市场份额的两倍。诺基亚在中国的投资超过 17 亿美元，建立了 8 个合资企业、20 多家办事处和 2 个研发中心，拥有员工超过 5500 人。

诺基亚公司的成功得益于团队精神。

一、团队“试炼”的意义和原则

团队组建的最后一环便是“试炼”，即团建活动。

在团建活动中，团队成员可以互相了解，建立良好的沟通渠道，提前熟悉各自的工作内容，增进团队成员之间的友谊，更好地利用时间，提高团队的协作效率。

团建活动可以带给团队成员无限乐趣和收获，有利于增进团队成员之间的友谊以及凝聚力，促进团队的发展。团建活动不仅可以培养团队成员的协作精神和团结精神，还可以丰富团队成员的知识、技能和经历，同时可以让团队成员更加自信，更快地融入团队。

常见的团建活动形式很多：户外拓展、创意互动游戏、情景模拟、集体培训等。不管采用哪种团建形式，要想获得好的团建效果，必须坚持正确的团建原则。以下是建立一流团队的核心原则：

将目标分解为小的可控单元，并确保每个员工都清楚地知道自己要完成哪些任务。

明确每个员工的职责和任务，并确保他们有能力完成自己的任务。

用量化、具体指标评估个人表现和团队效率，并采用结果导向奖惩机制。

除了强调目标、强调规则、强调责任外，也要想方设法加强团队内的合作和互助。提倡团队成员的利他精神。

二、设计团队“试炼”方案

团队“试炼”方案要与团队类型和团队结构相匹配，同时也要考虑团队工作特点和团队所处的环境条件。

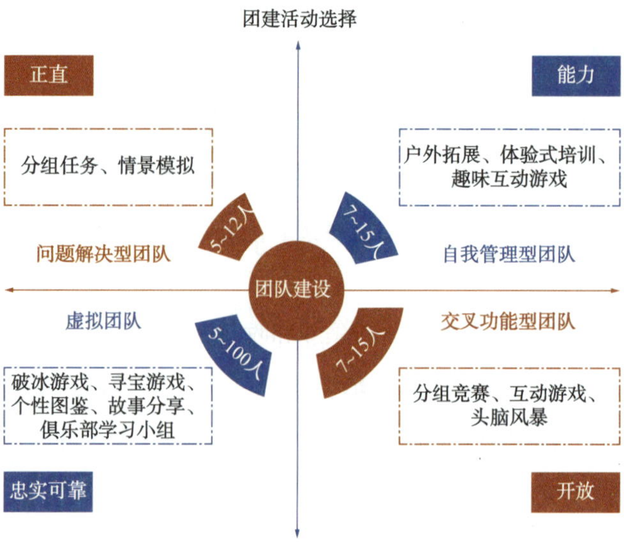

☺ 实战导练

请根据自己团队的文化、团队类型、团建目标设计一份团建方案。

团队建设计划书

一、团队文化

团队名称

团队 logo

愿景　　　　使命

价值观　　　　团队口号

团队队歌

二、团建目标

1.

2.

3.

三、团建活动

团建时间　　　　团建地点

团建工具　　　　团建程序

1.

2.

模块三

企业初创

模块三
企业初创

情境导入

“还记得年少时的梦吗？像一朵永远不凋零的花。”在创业之初，我们仿佛都憧憬着希望与胜利、成功与梦想，无奋斗不青春，是的，虽然我们知道创业者的艰辛与不易，但是，我们都有明知难而为之的精神与勇气，加油吧，青年！

在创业的起步阶段，我们首先要做好企业内部、外部环境的认知；其次，要做好信息、资金、物资等的准备。

俗话说：巧妇难为无米之炊，找项目、找投资、找供应商、研发产品、开发市场，每走一步，都让我们聚集了信心与力量。

有的企业家说创业起步，稳为先；有的企业家则认为，应先抢占市场商机……

作为创业阶段的你，应充分做好市场分析与产品定位。

准备好了吗？现在，就把企业的决策权交到你们的手里，加油！

思维导图

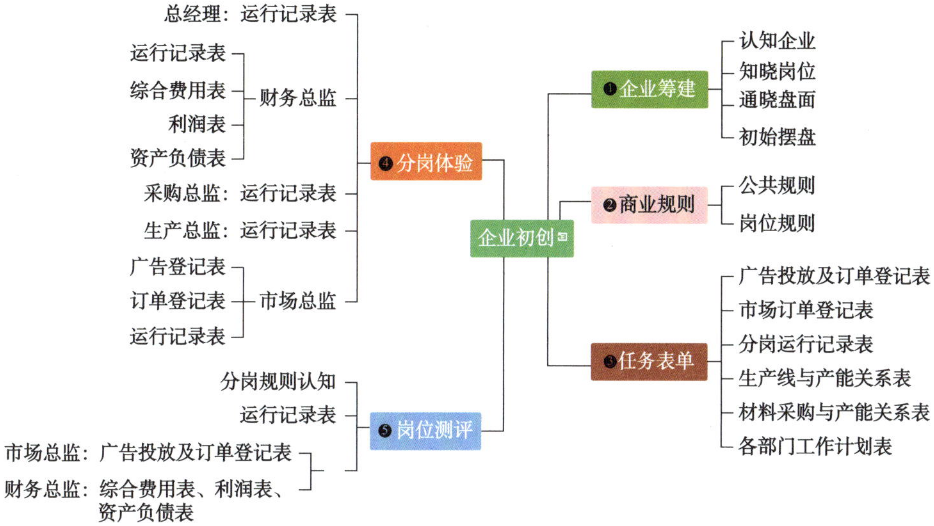

第一单元 企业筹建

通过本单元，我们学会了：

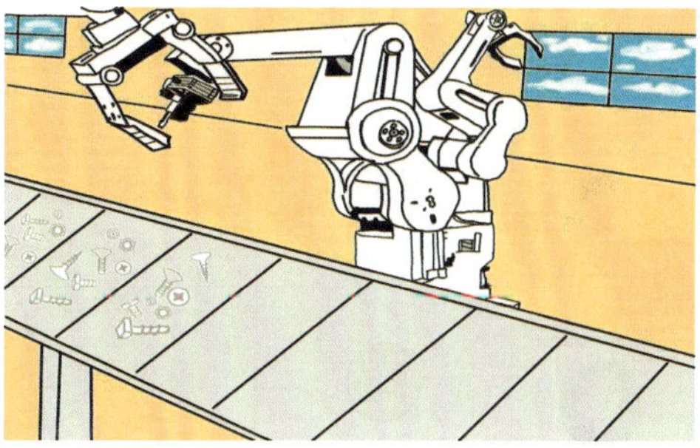

1. 了解企业的运营与发展；

2. 知晓各岗位主要职责；

3. 通晓沙盘盘面结构及教具；

4. 了解综合费用表与利润表关系；

5. 熟悉沙盘盘面与资产负债表中数据的对应关系。

预学导知

一、认知企业、打造梦幻工厂

认知企业，从工厂构成要素开始，包括：厂房、机器设备、原材料、在制品、产成品、市场等。（微课导学 3–1）

思考：

1. 现代工厂运营系统主要指哪三个方面？
2. 现代工厂盈利的主要来源是什么？

课堂支架：

1. 企业的运营系统是指利用运营资源把投入转换成产出的过程；
2. 企业盈利主要通过销售赚取利润。

二、知晓岗位、我的地盘我负责

对于企业的总经理，须知晓各岗位的任务职责，并制定一系列的监督管理制度，使各岗位负责人各司其职，通力合作，共同为企业发展出谋划策。（微课导学 3–2）

思考：

1. 将各岗位代表不同颜色的座位图（表 3–1）标示到沙盘盘面上；
2. 画出相应的负责范围（图 3–1）。

表 3–1　岗位盘面负责区域

岗位	色彩座位图	负责区域	负责内容	主要项目
总经理 	1	整个盘面	人财物	流程管理、做好产品定位、产品策略、市场开拓等
财务总监 	2	财务管理中心	现金	负责收支管理：现金、应收款、借款、成本、费用等

续表

岗位	色彩座位图	负责区域	负责内容	主要项目
采购总监	3	物料管理中心	原材料	负责材料预订及采购，保障材料供应等
生产总监	4	生产管理中心	在制品	按订单组织生产、计算产能、组建生产线等
市场总监	5	营销规划中心	产品	负责产品库存、交货、投广告、抢订单、分析市场走势等

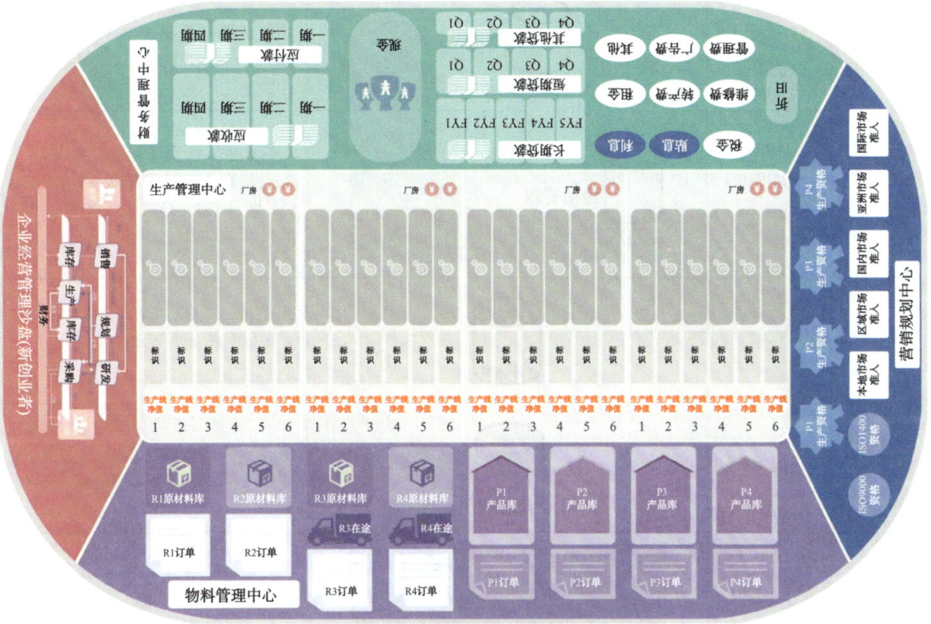

图 3-1 岗位盘面负责区域

实战导练

三、通晓盘面、体验初始摆盘

通晓沙盘盘面，从沙盘道具认知开始，包括不同颜色的币、桶及纸牌，它们分别代表企业经营过程中不同的生产要素，将其摆放到盘面不同的位置具有不同的含义，见表 3–2。

表 3-2　沙盘道具介绍及摆盘一栏表

名称	规格 / 任务	图片	说明
1. 原材料	R1		1 个红币：1 个 R1 原材料，价值 1 万元
	R2		1 个黄币：1 个 R2 原材料，价值 1 万元
2. 空桶	预订原材料 R1		1 个空桶（放在原材料库 R1 订单区域）：预订 1 个 R1 原材料
	预订原材料 R2		1 个空桶（放在原材料库 R2 订单区域）：预订 1 个 R2 原材料
	申请贷款 20 万元	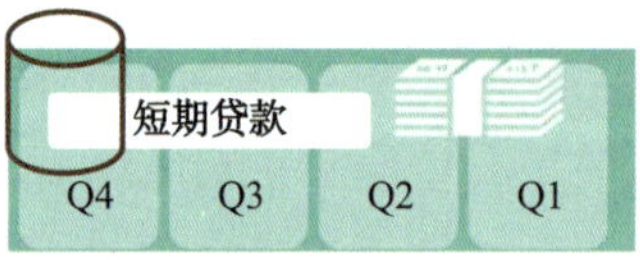	1 个空桶（放在贷款 Q4 区域）：一个空桶代表向银行借款 20 万元，从 Q4 推往 Q3、Q2、Q1 方向，到现金处还款付息
3. 现金	1 个		1 个灰币表示 1 万元
	20 个		20 个灰币即 1 桶，价值 20 万元，半桶价值 10 万元，1/4 桶价值 5 万元
4. 生产线	手工生产线		1 条手工生产线价值 5 万元，生产周期 3 个周期，即 3 个季度，从 1 向 3 方向推
	全自动生产线	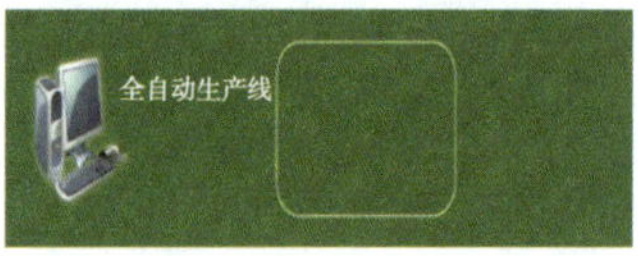	1 条全自动生产线价值 12 万元，生产周期 1 个周期，即 1 个季度
5. 在制品	P1	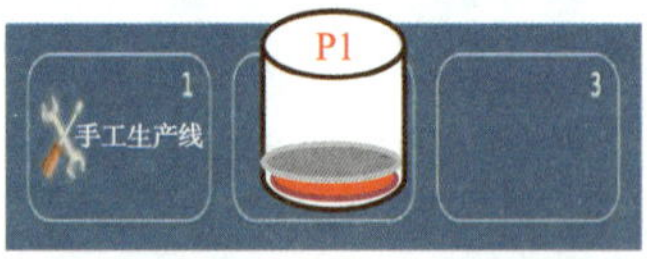	P1 由 1 个 R1 原材料（红币）与 1 万元人工费（灰币）构成，成本为 2 万元，放到生产线上，即正在生产的产品，在制品 P1
	P2		P2 由 1 个 R1 原材料（红币）、1 个 R2 原材料（黄币）、1 万元人工费（灰币）构成，成本为 3 万元，放到生产线上，即正在生产的产品，在制品 P2

名称	规格 / 任务	图片	说明
6. 产成品	P1	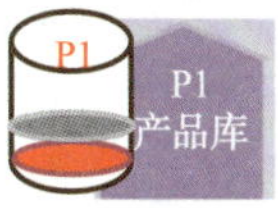	P1 放到 P1 产品库，即可以销售的产品，产成品 P1
	P2		P2 放到 P2 产品库，即可以销售的产品，产成品 P2
7. 产品生产资格证	P1、P2	 	研发 P1 生产资格证的成本为 1 万元，研发 P2 生产资格证的成本为 5 万元，分 2 个季度研发完成
8. 市场准入证	本地市场 区域市场 国内市场 国际市场	本地市场准入 区域市场准入 国内市场准入 国际市场准入	开发本地市场、区域市场、国内市场准入证的成本为 1 万元；开发国际市场准入证的成本为 2 万元，分 2 年开发

（一）筹建流程

初始年筹建是经营沙盘模拟的基本流程，组建好初始年是沙盘课程的第一步，尤为重要。初始年筹建流程包括获得股东资本、购买厂房、购买生产线、购买生产资格证、购买市场准入证、向供应商订购原料、完成企业财务报告七步。

项目	现金 20 币 / 桶	厂房	手工生产线	P1 生产资格证	本地市场准入证	材料订单
图标	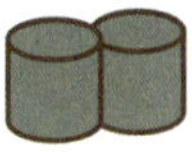				本地市场准入	
价值	40 万元	20 万元	5 万元	1 万元	1 万元	0 万元

思考：

1. 计算：完成以下六个任务，需要花费的资金为多少万元？

任务	收入	支出	余额
获得投资 40 万元			
购买 1 间厂房			
购买 3 条手工生产线			
购买 P1 生产资格证			
购买本地市场准入证			
预订 3 个 R1 原材料			

2. 摆盘：（微课导学 3-3 ：筹建期现金收支摆盘）

将盘面现金连线到相关位置上（图 3-2）。

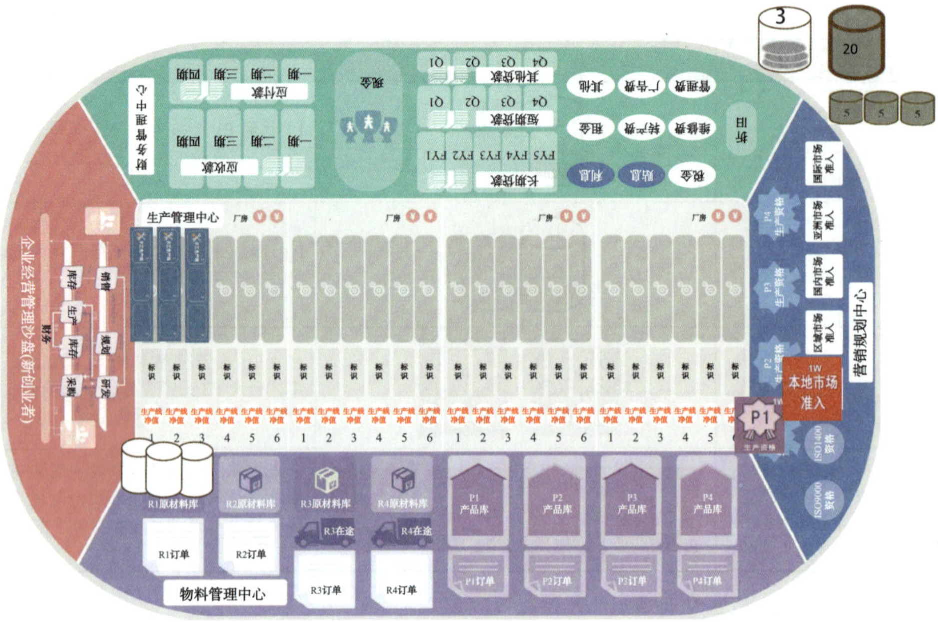

图 3-2　沙盘期末盘面

（二）填写数据

财务总监通过观察沙盘盘面，填写相关表格。财务总监根据沙盘盘面现金左边的综合费用及营销规划中心的盘面（图 3-3），填写初始年综合费用表（表 3-3），进而填制初始年利润表（表 3-4），根据整体盘面（图 3-4），填制初始年资产负债表（表 3-5）。（微课导学 3-4：认知摆盘与表格关系）

1. 填写综合费用表

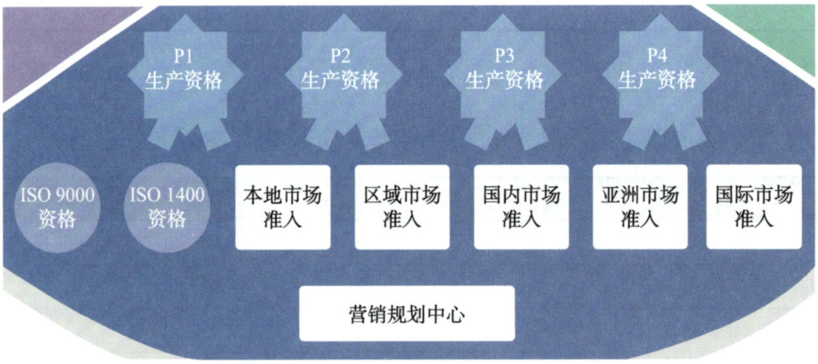

图 3-3　营销规划中心

思考：观察图 3-3 营销规划中心取得的证书，填写表 3-3 初始年综合费用表的市场准入开拓费、产品研发费及合计数，并在市场准入开拓、产品研发方框内打√。

星级评分： ☆☆☆☆☆

表 3-3　初始年综合费用表　　单位：万元

项目	金额	备注
（1）管理费	0	
（2）广告费	0	
（3）维修费	0	
（4）市场准入开拓	1	□本地　□国内　□国际
（5）产品研发	1	□ P1　□ P2
（6）其他	0	
（7）合计 =（1）+（2）+（3）+（4）+（5）+（6）	2	

2. 填写利润表

思考： 填写表 3-4 初始年利润表的综合费用、折旧前利润、支付利息前利润、税前利润、净利润。

星级评分： ☆☆☆☆☆

表 3-4　初始年利润表　　单位：万元

项目	算符	上年数	本年数
（1）销售收入			0
（2）直接成本	—		0
（3）毛利 =（1）-（2）	=		0
（4）综合费用	—		2
（5）折旧前利润 =（3）-（4）	=		______
（6）折旧	—		0
（7）支付利息前利润 =（5）-（6）	=		______
（8）财务收入 / 支出	+/-		0
（9）其他收入 / 支出	+/-		0
（10）税前利润 =（7）-（8）-（9）	=		______
（11）所得税（10）≤ 0（11）=0 （10）>0（11）=（10）×25%	—		0
（12）净利润 =（10）-（11）	=		______

注：（4）综合费用见表 3-3（7）合计。

3. 填写资产负债表

思考： 观察图 3-4，填写表 3-5 初始年资产负债表的现金、流动资产合计、土地和建筑、机器与设备、固定资产合计、资产合计、年度净利、所有者权益合计、负债 + 所有者权益。

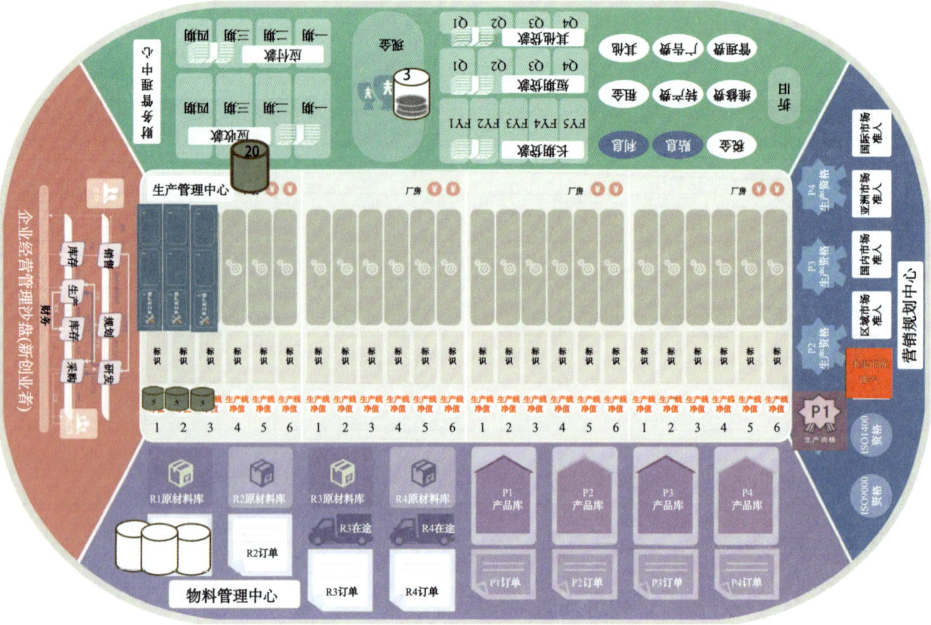

图 3-4　初始年沙盘期末盘面

表 3-5　初始年资产负债表

	资产	期初数	期末数		负债和所有者权益	期初数	期末数
(1)	现金		____	(10)	银行贷款		0
(2)	在制品		0	(11)	应交税金		0
(3)	成品		0				
(4)	原料		0				
(5)	流动资产合计 =(1)+(2)+(3)+(4)		____	(12)	负债合计 =(10)+(11)		0
(6)	土地和建筑		____	(13)	股东资本		40
(7)	机器与设备		____	(14)	利润留存		0
(8)	在建工程		0	(15)	年度净利		____
(9)	固定资产合计 =(6)+(7)+(8)		____	(16)	所有者权益合计 =(13)+(14)+(15)		____
	资产合计=(5)+(9)		____		负债+所有者权益 =(12)+(16)		____

注：(15)年度净利等于表 3-4(12)净利润。

拓练导学

实操练习:

项目	现金 20 币 / 桶	厂房	全自动生产线	P1 生产资格证	本地市场准入证	材料订单
图标	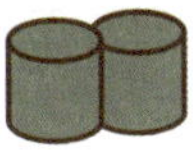					
价值	40 万元	20 万元	12 万元	1 万元	1 万元	0 万元

1. 完成初始年以下任务，并将完成任务相应金额填入收支栏，算一算还剩下多少现金?

任务	收入	支出	余额
获得投资 40 万元			
购买 1 间厂房			
购买 1 条全自动生产线			
购买 P1 生产资格证			
购买本地市场准入证			
预订 3 个 R1 原材料			

2. 根据以上任务，在下图的沙盘盘面上标示出期末盘面的现金、生产线等。

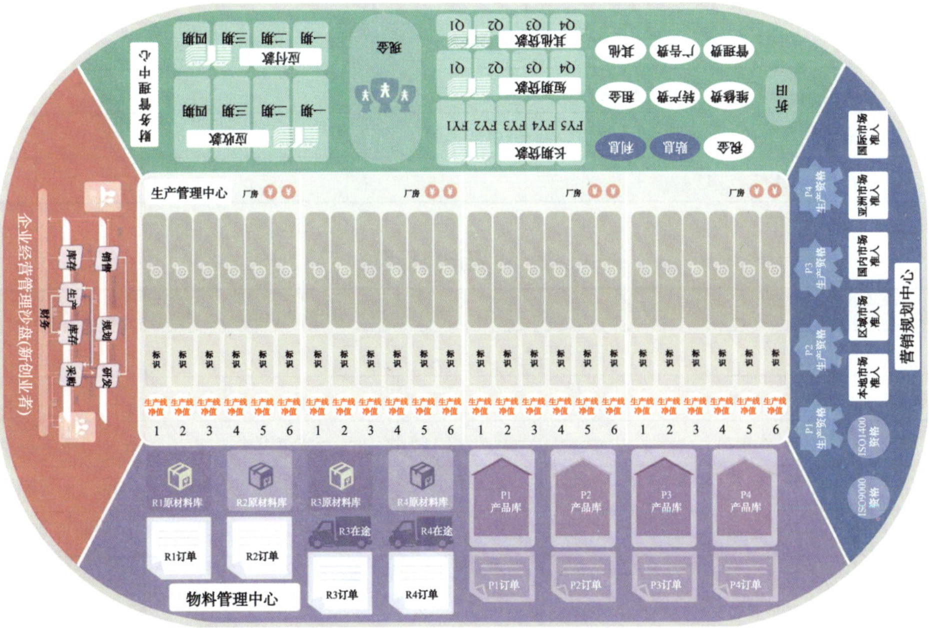

3. 观察沙盘盘面，填写初始年表格数据，注意：摆盘与表格数据的对应关系。

表 1　综合费用表　　　　单位：万元

项目	金额	备注
管理费	0	
广告费	0	
维修费	0	
市场准入开拓		□本地　□国内　□国际
产品研发		□ P1　□ P2
其他	0	
合计		

表 2　利润表　　　　单位：万元

项目	算符	上年数	本年数
（1）销售收入			0
（2）直接成本	—		0
（3）毛利 =（1）-（2）	=		0
（4）综合费用	—		
（5）折旧前利润 =（3）-（4）	=		
（6）折旧	—		0
（7）支付利息前利润 =（5）-（6）	=		
（8）财务收入 / 支出	+/−		0
（9）其他收入 / 支出	+/−		0
（10）税前利润 =（7）-（8）-（9）	=		
（11）所得税	—		0
（12）净利润 =（10）-（11）	=		

表 3　资产负债表　　　　单位：万元

	资产	期初数	期末数		负债和所有者权益	期初数	期末数
（1）	现金			（10）	银行贷款		0
（2）	在制品		0	（11）	应交税金		0
（3）	成品		0				
（4）	原料		0				
（5）	流动资产合计 =（1）+（2）+（3）+（4）			（12）	负债合计 =（10）+（11）		

续表

	资产	期初数	期末数		负债和所有者权益	期初数	期末数
(6)	土地和建筑		20	(13)	股东资本		40
(7)	机器与设备			(14)	利润留存		
(8)	在建工程		0	(15)	年度净利		
(9)	固定资产合计 =(6)+(7)+(8)			(16)	所有者权益合计 =(13)+(14)+(15)		
	资产合计 =(5)+(9)				负债+所有者权益 =(12)+(16)		

学练导评

日期：__________

岗位：__________

总经理　财务总监　采购总监　生产总监　市场总监

星级评分表

<table>
<tr><th>教学环节</th><th colspan="2">项目</th><th>评分项目</th><th>星级</th></tr>
<tr><td rowspan="6">预学导知</td><td colspan="4">认知企业（预学思考）</td></tr>
<tr><td colspan="2">1. 现代工厂运营管理系统主要指哪三个方面?</td><td></td><td>☆☆☆☆☆</td></tr>
<tr><td colspan="2">2. 现代工厂盈利的主要来源是什么?</td><td></td><td>☆☆☆☆☆</td></tr>
<tr><td colspan="4">知晓岗位（预学摆盘）</td></tr>
<tr><td colspan="2">1. 将岗位代表不同颜色的座位图标示到沙盘盘面上。</td><td>在“图 3-1 岗位盘面负责区域”上标示。</td><td>☆☆☆☆☆</td></tr>
<tr><td colspan="2">2. 画出相应的负责区域。</td><td>在“图 3-1 岗位盘面负责区域”上标示。</td><td>☆☆☆☆☆</td></tr>
<tr><td rowspan="9">实战导练</td><td colspan="4">通晓盘面</td></tr>
<tr><td rowspan="8">初始摆盘</td><td colspan="3">筹建流程</td></tr>
<tr><td>计算 1</td><td>完成六个任务，需要花费的资金为多少万元?</td><td>☆☆☆☆☆</td></tr>
<tr><td colspan="3">模拟摆盘</td></tr>
<tr><td>摆盘 1</td><td>完成筹建期现金从初始盘面到期末盘面摆盘，将盘面现金连线到期末盘面相关位置上，在图“3-2 沙盘期末盘面”上操作。</td><td>☆☆☆☆☆</td></tr>
<tr><td colspan="3">填写数据</td></tr>
<tr><td>填表 1</td><td>填写“表 3-3 初始年综合费用表”，观察“图 3-3 营销规划中心”取得的证书，填写市场准入开拓费、产品研发费及合计数，并在本地市场准入、P1 产品研发方框内打√。</td><td>☆☆☆☆☆</td></tr>
<tr><td>填表 2</td><td>填写“表 3-4 初始年利润表”的综合费用、折旧前利润、支付利息前利润、税前利润、净利润。</td><td>☆☆☆☆☆</td></tr>
</table>

续表

教学环节	项目		评分项目	星级
实战导练	初始摆盘	填表 3	填写“表 3-5 初始年资产负债表”，观察“图 3-4 初始年沙盘期末盘面”，填写现金、流动资产合计、土地和建筑、机器与设备、固定资产合计、资产合计、年度净利、所有者权益合计、负债 + 所有者权益栏的金额。	☆☆☆☆☆
拓练导学	实操练习	1	完成初始年任务，并将相应金额填入收支栏，算一算还剩下多少现金？	☆☆☆☆☆
		2	根据以上任务，在沙盘盘面上标示出剩余的现金、生产线等。	☆☆☆☆☆
		3	填写初始年表格数据。	
			综合费用表	☆☆☆☆☆
			利润表	☆☆☆☆☆
			资产负债表	☆☆☆☆☆

注：5 颗星代表优秀、4 颗星代表良好、3 颗星代表达标，未完成没有星，星级越高，代表可以获得的薪酬越高，按平均分评选星级，如共 10 个项目，获得 40 颗星，即 40 ÷ 10=4，获得 4 星底薪。

第二单元　商业规则

通过本单元，我们学会了：

1. 掌握企业的基本术语；
2. 知晓企业的公共规则；
3. 通晓企业的岗位规则；
4. 理解并运用规则，准确进行摆盘操作。

素养启示

公司成立、组建核心团队，各总监通过认知公共规则，熟知公司流程管理，通过知识链接、任务书，获知基本术语、推演摆盘，通过岗位规则，细化各总监的任务，通过熟练掌握及运用规则，为公司下一阶段的企业成长做好知识及能力储备。

一、基本术语

（一）人生第一笔注资

通过公司筹备阶段，撰写了商业计划书，建立了公司的人员架构，成功获得40万元启动资金，并在工商行政管理部门办理注册登记。

思考1：40万元的启动资金是注册资金还是银行借款？

1. 注册资金

企业所有者对企业投入的初始资本金，是企业成立时在工商行政管理部门登记注册的资本总额。

摆盘1：注册登记的40万元启动资金，如何进行盘面操作（图3-5）？

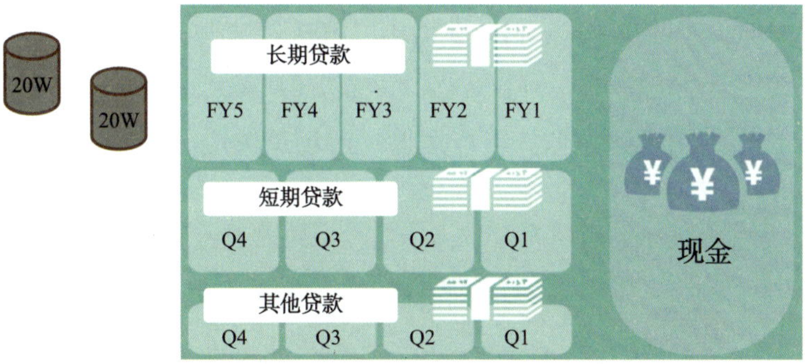

图3-5　注册资金（40万元）摆盘

2. 银行借款

当企业扩大生产，或资金出现不足时，可以申请向银行借款，一般一年期借款设定为短期，一年以上借款为长期，到期偿还本金及利息。

摆盘 2：向银行借入 20 万元短期借款，如何进行盘面操作（图 3-6）？

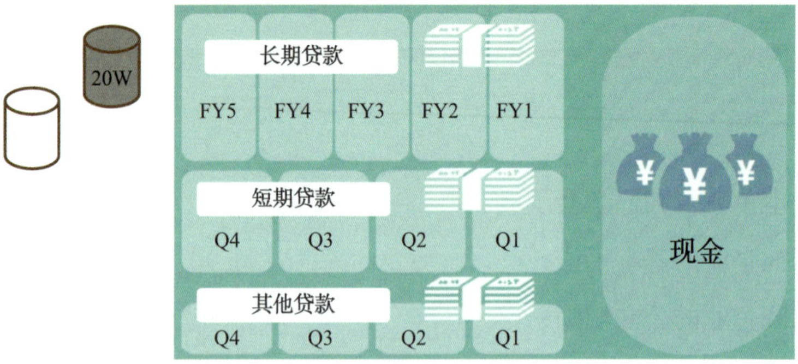

图 3-6　短期借款（20 万元）摆盘

课堂支架：

1. 一个空桶代表借款 20 万元（空桶表示提醒还款）；

2. 空桶放到 Q4，每季度向现金方向推一次，共推 4 期，即到还款期。

（二）我的工厂我做主（供产销）

公司筹备到 40 万元注册资金后，开始实施筹建工厂计划，买什么、怎么买，这是摆在企业供产销系统的难题，因为每一笔资金都牵涉到各个不同的部门，也直接影响到企业的现金流，这是企业的生命线，因为一旦现金断流，企业意味着随时面临破产的危机。

买厂房、买机器设备、买材料、买产品生产资格证、开发市场、投广告等，最终生产产品，将产品在不同的市场销售出去，赚取利润，这些都是总经理、各岗位总监思考的问题。那究竟预订什么原材料、生产什么产品、卖到哪个市场去呢？各总监通过协助与配合，使企业的供产销链条顺利运转起来，最终形成一个企业良好的生态系统。

思考 2：指出采购总监、生产总监、市场总监应分别标在物流系统的 A、B、C 哪个位置（图 3-7）。

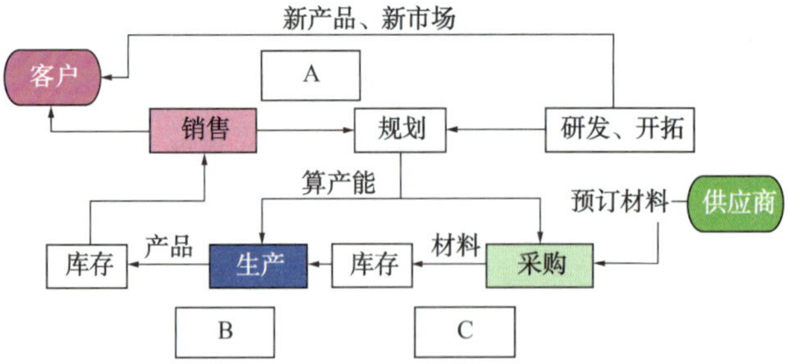

图 3-7　企业供产销物流系统

1. 原材料（采购总监）

在场景式企业经营管理中，原材料作为生产产品必备的物资，在材料采购前，我们假设需要提前一个季度预订原材料，即必须提前预订原材料的种类及数量，采购时必须按照预订的种类及数量采购，这是采购市场的规则，各家企业应该严格遵守，这主要是训练采购总监做事情的计划性，并检测采购总监是否能精准订货。

为什么采购总监要精准预订原材料呢？一方面，采购总监预订材料时，如果少订，意味着到时因为材料不足，生产线空线，不能按计划生产，甚至造成市场总监交货违约；另一方面，如果采购总监多订原材料，不仅会占用库存，还会占用资金，使得资金使用效率低，可能会增加财务费用，甚至导致现金断流等情况。

摆盘 3：第一年第二季度生产 1 个 P1、1 个 P2 产品，采购总监进行第一季度预订原材料摆盘（图 3-8）。

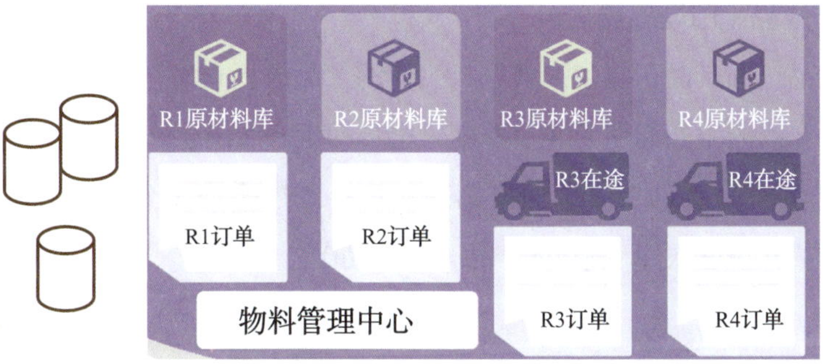

图 3-8　下原材料订单（第一季度预订 2 个 R1、1 个 R2 原材料）

课堂支架：

提前一个季度预订，1 个空桶代表预订 1 个材料（空桶表示预订材料）。

2. 在制品（生产总监）

当原材料放到生产线上时，意味着企业已进入生产的状态，我们称生产过程中的产品为在制品，即正在生产的产品，因为需要生产周期，所以当它们在线上时是不能销售的，一般我们假设全自动生产线的生产周期为 1 个季度，即第一季度生产，第二季度才下线到库存。

无论采用哪一种生产设备，都必须有人工费，即生产工人的工资，这里假定的是生产 1 个产品，对应的工人的工资为 1 万元，生产不同的产品，需要使用不同的原材料，生产 P1 产品，需要 R1 原材料，材料费与人工费配比是 1∶1，生产 P2 产品，需要 R1、R2 原材料，材料费与人工费配比是 2∶1（图 3-9），R1、R2 均为 1 万元。

思考 3：生产 1 个 P2 产品，单位成本需要多少万元？

课堂支架：生产 1 个 P2 产品的成本等于 1 个 R1 加 1 个 R2，加 1 万元人工费。

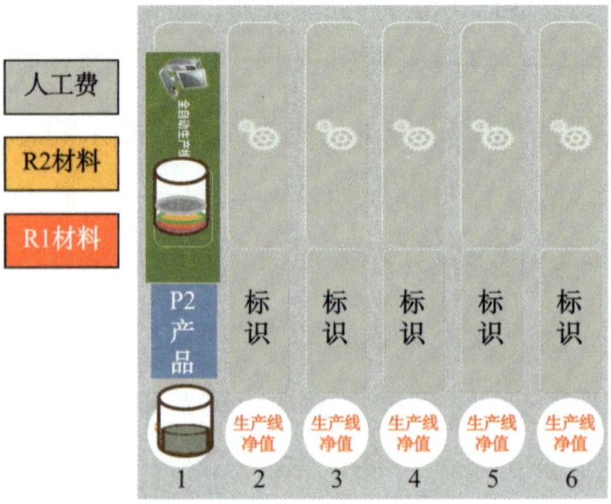

图 3-9　生产 P2 产品，材料费与人工费配比 2∶1

3. 产成品（市场总监）

产成品，即产品，将生产线完成生产的产品放入仓库，在场景式生产中，假设手工生产线的生产周期为 3 个季度，全自动生产线的生产周期为 1 个季度。

思考 4：观察图 3-10，假设第一年第一季度生产 1 个 P2 产品（在制品），则第一年第几季度入库 1 个 P2 产品（产成品）？

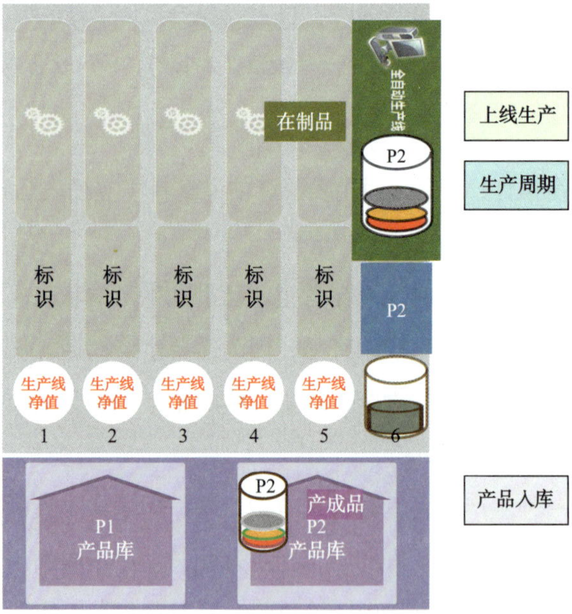

图 3-10　在制品与产成品的关系（上线生产、生产周期、产品入库）

课堂支架：全自动生产线生产周期为 1 个季度。

4. 直接成本

产品的直接成本等于产品的单位成本乘以数量，产品的单位成本由材料成本加人工成本组成，如：P1 产品的单位成本为 1 个 R1（1 万元）加上 1 个人工费（1 万元），即 P1=1+1=2 万元；P2 产品的单位成本为 1 个 R1（1 万元）、1 个 R2（1 万元），加上 1 个人工费（1 万元），即 P2=1+1+1=3 万元。

思考 5：假定企业一年生产 6 个 P2 产品，其直接成本为多少？

课堂支架：P2 产品单位成本为 3 万元，直接成本 = 单位成本 × 数量

5. 毛利

毛利等于销售收入减直接成本，即毛利 = 销售收入 – 直接成本。

思考 6：假定企业销售 6 个 P2 产品的收入为 30 万元，则毛利为多少？

6. 市场订单

市场按范围的大小划分，分为本地市场、区域市场、国内市场、国际市场等。企业为了打开或占领不同领域的市场，首先开发并获得市场准入证；其次，企业在获得该市场准入证后，意味着在该市场上拥有投放广告的权限，即在对应的市场上投放广告并获得订单。

在本规则中，本地市场、区域市场、国内市场的开发费用为 1 万元 / 年，开发时间为 1 年；国际市场的开发费用为 1 万元 / 年，开发时间为 2 年。每年年末取得市场准入证后，才能在该市场投放广告费、抢订单，其顺序见图 3–11。

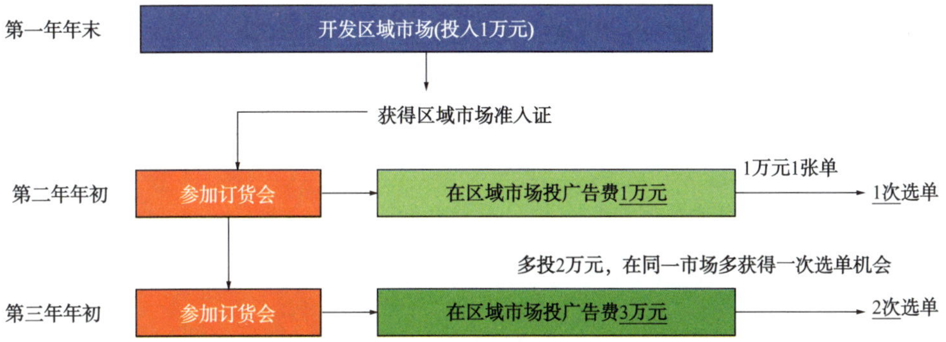

图 3–11　开发市场与订单的关系（区域市场）

思考 7：观察图 3–11，区域市场的开发时间是几年？开发费用是多少？在区域市场投入多少可以抢到 3 张单？

课堂支架：在同一市场，投 1 万元有 1 次选单机会，再多投 2 万元，可以增加 1 次选单机会，依此类推。

学练导评

日期：________________

岗位：________________

星级评分表

项目		评分项目	星级
1. 注册资金	思考 1：40 万元的启动资金是注册资金还是银行借款？		☆☆☆☆☆
	摆盘 1：注册登记的 40 万元启动资金，如何进行盘面操作？	在图 3–5 中标示	☆☆☆☆☆
2. 银行借款	摆盘 2：向银行借入 20 万元短期借款，如何进行盘面操作？	在图 3–6 中标示	☆☆☆☆☆
3. 物流系统	思考 2：指出采购总监、生产总监、市场总监应分别标在物流系统的 A、B、C 哪个位置。		☆☆☆☆☆
4. 原材料	摆盘 3：第一年第二季度生产 1 个 P1、1 个 P2 产品，采购总监进行第一季度预订原材料摆盘。	在图 3–8 中标示	☆☆☆☆☆
5. 在制品	思考 3：生产 1 个 P2 产品，单位成本需要多少万元？		☆☆☆☆☆
6. 产成品	思考 4：观察图 3–10，假设第一年第一季度生产 1 个 P2 产品（在制品），则第一年第几季度入库 1 个 P2 产品（产成品）？		☆☆☆☆☆
7. 直接成本	思考 5：假定企业一年生产 6 个 P2 产品，其直接成本为多少？		☆☆☆☆☆
8. 毛利	思考 6：假定企业销售 6 个 P2 产品的收入为 30 万元，则毛利为多少？		☆☆☆☆☆
9. 市场订单	思考 7：观察图 3–11，区域市场的开发时间是几年？开发费用是多少？在区域市场投多少可以抢到 3 张单？		☆☆☆☆☆

二、公共规则

（一）按年分季度运营

一般运行 5~6 年，以年为单位运营，一年分为四个季度，每一季度严格按 1~13 个流程进行推盘，并填写运行记录表，不得改变或打乱运行记录表的顺序。

（二）分岗填写运行表

分岗填写运行记录表，即总经理、财务总监、采购总监、生产总监、市场总监，分岗使用不同的运行记录表格，均按 1~13 个步骤进行记录，其具体的填写要求见表 3–6。

表 3–6　分岗填写要求

岗位	计量单位	填写内容
总经理	无	记录 1~13 个步骤，完成后打√
财务总监	万元（W）	记录每一笔现金收支情况
采购总监	个	预订、采购、使用原材料的数量
生产总监	个	上线生产、下线入库的在制品数量
市场总监	个	下线入库、销售出库的产成品数量

（三）训练结果评比

各组分岗位运行，组与组之间禁止交易，包括：生产线、生产资格证、市场准入证等，经营结束时，按照企业的最后一年权益，评出名次。

拓练导学

练习一：选择题

1. 各总监按照（　　　）填写运行记录表。

A. 天　　B. 周　　C. 月　　D. 季

2. 财务总监记录的是（　　　），记录的单位是（　　　）。

A. 数量　个　　B. 金额　万元　　C. 人数　人　　D. 日期　天

3. 采购总监记录的是（　　　），记录的单位是（　　　）。

A. 原材料的数量　个　　B. 在制品的数量　个　　C. 产品数量　个　　D. 现金　元

4. 生产总监记录的是（　　　），记录的单位是（　　　）。

A. 材料的数量　个　　B. 在制品的数量　个　　C. 产品数量　个　　D. 现金　元

5. 市场总监记录的是（　　　），记录的单位是（　　　）。

A. 材料的数量　个　　B. 在制品的数量　个　　C. 产成品数量　个　　D. 现金　元

（四）分岗规则速查表

岗位	关键词	规则说明
财务总监	注册资本	40 万元
	贷款	短期贷款，每次可贷款 20 万元或 40 万元，最多贷款不能超过 120 万元（整个盘面上的贷款不能超过 6 桶，每桶 20 万元）；贷款周期为 4 个季度（Q），如：今年一季度借，明年一季度还，到期还本付息
	利息	短期贷款，年利率 5%，1 年到期，一次还本付息。如：第一年一季度借 20 万元，第二年一季度还本 20 万元，还利息 1 万元
	贴现	应收款随时可以贴现，即提前提取现金，应收款数额 10% 变现时贴息，如：10 万元应收款，贴现可以拿到 9 万元现金，1 万元放到贴息
	综合费用	每季度支付 1 万元
	维修费	设备维修费，只要设备完成安装，不论是否生产，每年年底，均需要交纳维修费 1 万元 / 条
	所得税	税前利润弥补亏损后按 25% 纳税，四舍五入，如税前利润弥补亏损后为 1 万元，所得税 =1×25%=0.25，0.25 ＜ 0.5，则不用交税
	净利润	净利润 = 税前利润 － 所得税
	利润留存	利润留存 = 上一年的利润留存 + 上一年的年度净利
采购总监	原材料	R1（材料 1）、R2（材料 2）均是价值 1 万元 / 个，提前 1 个季度预订，先订后买，严格按订单购买
生产总监	厂房	厂房价值 20 万元（最多容量 10 条生产线）
	手工生产线	购买 1 条手工生产线费用 5 万元，无安装周期，可直接使用，生产周期为 3 个季度。生产线上的格子代表生产周期，每条生产线上最多只能有一个在制品，可生产任何产品
	全自动生产线	购买 1 条全自动生产线费用 12 万元，安装周期 1 个季度，如：第一季度购买 1 条全自动线，先将生产线反面（白色）朝上放在盘面上，第二季度再翻过来使用；生产周期为 1 个季度。生产线上的格子代表生产周期，每条生产线上最多只能有 1 个在制品，可生产任何产品
	折旧	手工生产线每年年末从生产线净值中提取 1 万元，当净残值为 2 万元时，不用再提取折旧；全自动生产线每年年末从生产线净值中提取 2 万元，当净残值为 4 万元时，不用再提取折旧
	卖生产线	无论何时卖生产线，只能按净残值出售。即全自动生产线出售价 4 万元，手工生产线出售价 2 万元
	P1 生产资格	P1 产品 1 个季度，1 个季度 1 万元，生产资格证 0 元，共 1 万元
	P2 生产资格	P2 产品分 2 个季度，每个季度 2 万元，生产资格证 1 万元，共 5 万元
	P1 成本	P1 产品生产成本组成： 1 万元（R1 材料）+1 万元（人工费）=2 万元
	P2 成本	P2 产品生产成本组成： 1 万元（R1 材料）+1 万元（R2 材料）+1 万元（人工费）=3 万元
市场总监	本地	当年开发完成，开发费用 1 万元
	区域	当年开发完成，开发费用 1 万元
	国际	每年 1 万元，分 2 年开发，共 2 万元，完成后，即可使用
	ISO 9000	当年开发完成，开发费用 1 万元
	ISO 14000	每年 1 万元，分 2 年开发，共 2 万元，完成后，即可使用
	广告费	在不同的市场或不同的产品，投入 1 万元有 1 次选单的权利，以后在相同市场每多投 2 万元增加 1 次选单的机会。如：本地市场 P1 产品投 1 万元，1 张单；3 万元，2 张单；5 万元，3 张单；7 万元，4 张单，依此类推
	选单顺序	市场发放所有订单，企业根据自己的产能选择订单；选单流程按选单顺序先选第一轮，每公司一轮只能选择 1 张订单；各公司都选完后，再开始下一轮的依次选单；一年之内的任何交货期均可交货，必须按照订单规定的数量交货
	交货时间	一年之内的任何交货期均可交货
	违约	当年扣除该订单销售额的 40% 作违约金，向上取整，违约金计入综合费用——其他
	账期	如订单有账期，交货后不能直接将货款放在现金处，需按账期放应收款相对应的位置

学练导评

日期：________________

岗位：________________

星级评分表

项目		答题区	星级
拓学导练	1		☆☆☆☆☆
	2		☆☆☆☆☆
	3		☆☆☆☆☆
	4		☆☆☆☆☆
	5		☆☆☆☆☆

恭喜您，获得________颗星（满分：150 颗），成功通过入职选拔（至少获得 100 颗星），进入岗位规则训练！

三、岗位规则（工作手册）

______________公司总经理（CEO）

岗位工作手册

工作照粘贴处	姓名：______________ 职位：______________ 组号：______________

班级 ____________________

组号 ____________________

姓名 ____________________

学号 ____________________

日期 ____________________

工作口诀：四岗分核、十三流程

注：总经理填写运行记录表，主要是考核每一流程所有总监是否完成，以打钩的形式记录。

总经理（CEO）须知

1. 流程管理

总经理是一家公司的关键与灵魂人物，对于一家公司的发展、壮大及重大决策等起引领的作用。在公司运行的过程中，总经理直接对各总监进行过程管理，严格按照顺序进行评分，监督其运行，及时纠正运行过程中发生的问题，根据市场变化，能及时调整策略，使得企业能正常运行，并不断地发展壮大，其运行过程的评分原则是“四岗分核，十三流程”（参考运行记录表），每个流程均需要所有总监完成任务，总经理打钩确认后，再往下一个流程推进。

流程练习 1：将下列运行记录表中的项目进行先后排序，将序号填入括号中：（　　　　　　　　　　　　　　　　　　　　　　　　　　　）

①季初现金盘点；②更新贷款 / 还本付息；③申请贷款；④按订单交货；⑤下材料订单；⑥更新生产 / 完工入库；⑦开始下一批生产；⑧采购订购的原材料。

2. 产品研发

产品研发是企业根据市场的需求及变化，调整产品结构，开发新产品，并获得新产品生产资格证的过程，也是一家企业不断扩大与发展的必然，作为一家企业的经营者与决策者，应敢于尝试、不断推新，满足顾客的实时需求，请总经理在下表中标出新产品研发的进程，在相应位置打√。

3. 市场开拓（ISO 质量认证）

市场开拓决定了一家企业能否在相应市场抢到订单，因为即便企业研发了新产品，但没有开拓更多的市场，企业研发的新产品只能在本地市场上售卖，当本地市场订单不足的情况下，企业可能面临没有订单的困局，所以开发相应市场，可以为企业带来更多的订单与机遇，同样，开发 ISO 质量认证，也有利于企业在市场竞争中占领先机，所以，总经理应根据订单及市场需求变化，及时调整营销策略。

开发计划 1：CEO 分析产品及市场走势，并与各总监召开销售会议，制定新一年的营销计划、策略及方向，并在下表中相应的位置打√，并说明理由。

产品、市场（ISO）研发开拓情况表

		P1	P2	区域	国内	国际	ISO 9000	ISO 4000
第（　）年	已经拥有							
	正在研发 / 开拓							
	准备研发 / 开拓							
说明理由								

4. 团队成员考核

请根据各岗位任务进行评比，包括：规则、运营表、摆盘等。

5. 风险管理（破产处理）

当公司的所有者权益为负（即当年结束时资产负债表的所有者权益为负数）或现金流断时（权益和现金可以为零），企业破产。

拓练导学

岗位：总经理

练习一：多选题

1. 在年初，企业需要完成的主要任务有（　　）。

A. 参加订货会　　B. 支付广告费　　C. 登记销售订单

D. 支付应付税　　E. 开拓市场　　F. 研发产品

2. 在年末，企业需要完成的主要任务有（　　）。

A. 计提折旧　　B. 支付维修费　　C. 登记销售订单

D. 支付应付税　　E. 开拓市场　　F. 研发产品

3. 关于运行记录，正确的顺序是（　　）。

A. 先贷款再还款

B. 先还款再贷款

C. 本季度按上个季度的订单购买原材料

D. 本季度需预订下个季度原材料

4. 下列导致企业破产的是（　　）。

A. 所有者权益为负

B. 现金流断

C. 不生产产品

D. 没有预订原材料

练习二：连线题（20 颗星）

1. 将各总监应填写的表格进行任务连线。

财务总监	资产负债表
采购总监	利润表
生产总监	综合费用表
市场总监	广告登记表
	订单登记表
	运行记录表

学练导评

日期：__________________

岗位：__________________

星级评分表

您的星星总数 ______ 颗，岗位星级：_______

项目	题号	答题区	评分
流程练习 1		将下列运行记录表中的项目进行先后排序。	☆☆☆☆☆
开发计划 1		CEO 分析产品及市场走势，并与各总监召开销售会议，制定新一年的营销计划、策略及方向。	☆☆☆☆☆
拓练导学	一、多选题	1.	☆☆☆☆☆
		2.	☆☆☆☆☆
		3.	☆☆☆☆☆
		4.	☆☆☆☆☆
	二、连线题	1. 财务总监	☆☆☆☆☆
		2. 采购总监	☆☆☆☆☆
		3. 生产总监	☆☆☆☆☆
		4. 市场总监	☆☆☆☆☆

运行记录表
年初
任务1：参加订货会
任务2：制定新年度计划
任务3：支付应付税
年中(四个季度)
任务1：季初盘点(财务总监)
流程1：季初现金盘点
流程2：更新贷款/还本付息
支付利息(5%财务费用)
流程3：申请贷款
短期借款(期限：4个季度)
任务2：采购(采购总监/财务总监)
流程4：采购订购的原材料
R1/R2采购价1万元
流程5：下材料订单
R1/R2提前1个季度预订
任务3：生产(生产总监/采购总监/市场总监/财务总监)
流程6：更新生产/完工入库
流程7：变卖/购买生产线/生产线到位
手工生产线
无安装周期、生产周期3个季度
全自动生产线
1个季度安装周期、生产周期1个季度
流程8：开始下一批生产
任务4 :销售(市场总监/财务总监)
流程9：更新应收款/应收款收现
应收款贴现(10%财务费用)
流程10：按订单交货
违约(40% 其他费用)
任务5：季末(财务总监)
流程11：产品研发
P1、 P2产品研发费分别为1万元、 5万元
流程12 ：支付行政管理费
1万元/季
流程13：季末现金对账
年末
任务1：支付设备维修费
任务2：计提折旧
任务3：新市场开拓
任务4：结账

四岗分核、十三流程图

第（　　）组　总经理　运行记录表（打√记录）　第（　　）年

年初	年初现金余额（上一年的年末现金数）				
	参加订货会，支付广告费				
	登记销售订单				
1	季初现金盘点（当前余额）				
2	更新贷款 / 还本付息（先偿还才能再贷款）				
3	申请贷款（每个季度 20 万 /40 万元，全年不超 120 万元）				
4	购买上一季度订购的原材料并入库				
5	下一季度原料订单				
6	更新生产 / 完工入库				
7	购买新生产线 / 生产线到位 / 变卖生产线				
8	开始下一批生产（支付加工费，每种产品 1 万元）				
9	更新应收款 / 应收款收现				
10	按订单交货（登记收回的货款收入）				
11	产品研发投资（P2 生产资格证研发）				
12	支付行政管理费（每个季度 1 万元）				
13	其他现金收支情况登记				
14	现金流入合计				
15	现金支出合计（不含广告费支出）				
16	期末现金对账（每季末余额）				
年末	支付设备维修费（每条生产线 1 万元，在建忽略）				
	计提折旧（手工生产线 1 万元，全自动生产线 2 万元，在建忽略）				（　）
	新市场开拓（区域市场，1 万元）				
	本年度各类损失合计（须计入其他费用）				（　）
	结账（年末剩余现金数）				

第（　　）组　总经理　运行记录表（打√记录）　第（　　）年

年初	年初现金余额（上一年的年末现金数）				
	参加订货会，支付广告费				
	登记销售订单				
1	季初现金盘点（当前余额）				
2	更新贷款 / 还本付息（先偿还才能再贷款）				
3	申请贷款（每个季度 20 万 /40 万元，全年不超 120 万元）				
4	购买上一季度订购的原材料并入库				
5	下一季度原料订单				
6	更新生产 / 完工入库				
7	购买新生产线 / 生产线到位 / 变卖生产线				
8	开始下一批生产（支付加工费，每种产品 1 万元）				
9	更新应收款 / 应收款收现				
10	按订单交货（登记收回的货款收入）				
11	产品研发投资（P2 生产资格证研发）				
12	支付行政管理费（每个季度 1 万元）				
13	其他现金收支情况登记				
14	现金流入合计				
15	现金支出合计（不含广告费支出）				
16	期末现金对账（每季末余额）				
年末	支付设备维修费（每条生产线 1 万元，在建忽略）				
	计提折旧（手工生产线 1 万元，全自动生产线 2 万元，在建忽略）				（　）
	新市场开拓（区域市场，1 万元）				
	本年度各类损失合计（须计入其他费用）				（　）
	结账（年末剩余现金数）				

第（　　）组　总经理　运行记录表（打√记录）　第（　　）年

年初	年初现金余额（上一年的年末现金数）				
	参加订货会，支付广告费				
	登记销售订单				
1	季初现金盘点（当前余额）				
2	更新贷款 / 还本付息（先偿还才能再贷款）				
3	申请贷款（每个季度 20 万 /40 万元，全年不超 120 万元）				
4	购买上一季度订购的原材料并入库				
5	下一季度原料订单				
6	更新生产 / 完工入库				
7	购买新生产线 / 生产线到位 / 变卖生产线				
8	开始下一批生产（支付加工费，每种产品 1 万元）				
9	更新应收款 / 应收款收现				
10	按订单交货（登记收回的货款收入）				
11	产品研发投资（P2 生产资格证研发）				
12	支付行政管理费（每个季度 1 万元）				
13	其他现金收支情况登记				
14	现金流入合计				
15	现金支出合计（不含广告费支出）				
16	期末现金对账（每季末余额）				
年末	支付设备维修费（每条生产线 1 万元，在建忽略）				
	计提折旧（手工生产线 1 万元，全自动生产线 2 万元，在建忽略）				（　）
	新市场开拓（区域市场，1 万元）				
	本年度各类损失合计（须计入其他费用）				（　）
	结账（年末剩余现金数）				

第（　　）组　总经理　运行记录表（打√记录）　第（　　）年

年初	年初现金余额（上一年的年末现金数）				
	参加订货会，支付广告费				
	登记销售订单				
1	季初现金盘点（当前余额）				
2	更新贷款 / 还本付息（先偿还才能再贷款）				
3	申请贷款（每个季度 20 万 /40 万元，全年不超 120 万元）				
4	购买上一季度订购的原材料并入库				
5	下一季度原料订单				
6	更新生产 / 完工入库				
7	购买新生产线 / 生产线到位 / 变卖生产线				
8	开始下一批生产（支付加工费，每种产品 1 万元）				
9	更新应收款 / 应收款收现				
10	按订单交货（登记收回的货款收入）				
11	产品研发投资（P2 生产资格证研发）				
12	支付行政管理费（每个季度 1 万元）				
13	其他现金收支情况登记				
14	现金流入合计				
15	现金支出合计（不含广告费支出）				
16	期末现金对账（每季末余额）				
年末	支付设备维修费（每条生产线 1 万元，在建忽略）				
	计提折旧（手工生产线 1 万元，全自动生产线 2 万元，在建忽略）				（　）
	新市场开拓（区域市场，1 万元）				
	本年度各类损失合计（须计入其他费用）				（　）
	结账（年末剩余现金数）				

第（　　）组　总经理　运行记录表（打√记录）　第（　　）年

年初	年初现金余额（上一年的年末现金数）				
	参加订货会，支付广告费				
	登记销售订单				
1	季初现金盘点（当前余额）				
2	更新贷款／还本付息（先偿还才能再贷款）				
3	申请贷款（每个季度 20 万 /40 万元，全年不超 120 万元）				
4	购买上一季度订购的原材料并入库				
5	下一季度原料订单				
6	更新生产／完工入库				
7	购买新生产线／生产线到位／变卖生产线				
8	开始下一批生产（支付加工费，每种产品 1 万元）				
9	更新应收款／应收款收现				
10	按订单交货（登记收回的货款收入）				
11	产品研发投资（P2 生产资格证研发）				
12	支付行政管理费（每个季度 1 万元）				
13	其他现金收支情况登记				
14	现金流入合计				
15	现金支出合计（不含广告费支出）				
16	期末现金对账（每季末余额）				
年末	支付设备维修费（每条生产线 1 万元，在建忽略）				
	计提折旧（手工生产线 1 万元，全自动生产线 2 万元，在建忽略）				（　）
	新市场开拓（区域市场，1 万元）				
	本年度各类损失合计（须计入其他费用）				（　）
	结账（年末剩余现金数）				

第（　　）组　总经理　运行记录表（打√记录）　第（　　）年

年初	年初现金余额（上一年的年末现金数）				
	参加订货会，支付广告费				
	登记销售订单				
1	季初现金盘点（当前余额）				
2	更新贷款 / 还本付息（先偿还才能再贷款）				
3	申请贷款（每个季度 20 万 /40 万元，全年不超 120 万元）				
4	购买上一季度订购的原材料并入库				
5	下一季度原料订单				
6	更新生产 / 完工入库				
7	购买新生产线 / 生产线到位 / 变卖生产线				
8	开始下一批生产（支付加工费，每种产品 1 万元）				
9	更新应收款 / 应收款收现				
10	按订单交货（登记收回的货款收入）				
11	产品研发投资（P2 生产资格证研发）				
12	支付行政管理费（每个季度 1 万元）				
13	其他现金收支情况登记				
14	现金流入合计				
15	现金支出合计（不含广告费支出）				
16	期末现金对账（每季末余额）				
年末	支付设备维修费（每条生产线 1 万元，在建忽略）				
	计提折旧（手工生产线 1 万元，全自动生产线 2 万元，在建忽略）				（　）
	新市场开拓（区域市场，1 万元）				
	本年度各类损失合计（须计入其他费用）				（　）
	结账（年末剩余现金数）				

________________公司财务总监

岗位工作手册

工作照粘贴处

姓名：________________

职位：________________

组号：________________

班级 ____________________

组号 ____________________

姓名 ____________________

学号 ____________________

日期 ____________________

工作口诀：现金收支、心中有数！

注：财务总监填写运行记录表，主要是记录每一流程现金收支，以万元为单位记录金额。

财务总监须知

1. 注册资金

这是一家生产型小微企业，该企业的注册资金为 40 万元。

2. 融资规则

融资规则一览表

项目	利率	还款期	备注
（1）短期利率	利率 5%	1 年	小数点四舍五入取整 每个季度初先还款，再申请借款
（2）贴现	贴现率 10%	随时变现	小数点四舍五入取整

（1）短期借款

①还款期为 1 年，不能提前还款，每季度初可以进行贷款，每次贷款上限为 40 万元；

②最多贷款不能超过 120 万元（整个盘面上的贷款不能超过 6 桶，每桶 20 万元）；

③贷款周期为 4 个季度（Q），到期还本付息；

④贷款年利率为 5%。

分岗练习 1： 假设第一年第一季度向银行借款 20 万现金，请思考以下问题：

（1）银行借款的还款期是第一年第四季度还是第二年的第一季度？

（2）计算到期归还的本金、利息分别为多少？

课堂小支架： 利息 = 本金 × 利率 × 期限

解析： 利息 =200000 × 5% × 1

分岗摆盘 1： 第一季度向银行申请贷款 20 万元，将 20 万元贷款放到现金栏的同时，将 1 个空桶放到短期贷款 Q4 处（提示还款），从第二季度开始推桶，即：从 Q4 推向 Q3，直到推到现金区域，到期还款。

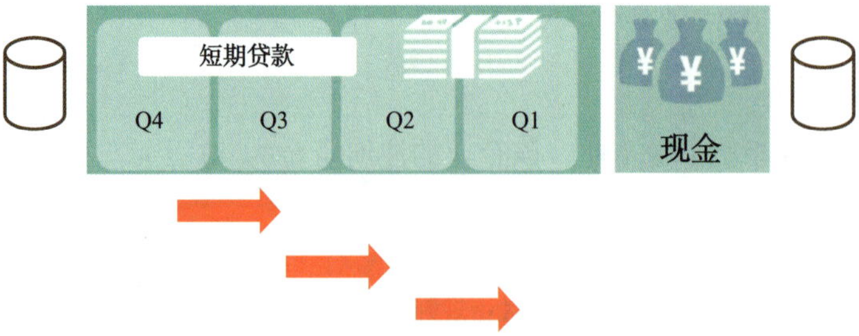

从第一至第四季度推桶的盘面变化过程

（2）贴现

将未到期的应收款提前提取现金，需要为提前支取的应收款支付的利息为贴息，贴现率为 10%，四舍五入。

例题 1： 某公司将应收款 23 万元提前提现，贴现率为 10%，假定期限为 1 年，请计算贴息和贴现金额？（贴息四舍五入）

（1）贴息 = 本金 × 贴现率 × 期限

$=23 \times 10\% \times 1=2.3 \approx 2$ 万元

（2）贴现金额 =23−2=21 万元

分岗练习 2： 企业将应收款 58 万元进行贴现，贴息为（　　）万元，贴现的金额为（　　）万元。

A. 3　55　　B. 4　54　　C. 5　53　　D. 6　52

3. 费用规则

费用规则一览表

项目	类别	费用金额	周期	备注
管理费		1 万元 / 季	每个季度	每个季度缴交
广告费	不同市场	投放 1 万元，获得 1 张订单	每年年初投放	在不同市场投 1 万元，每个市场都有 1 张单
	同一市场	多投 2 万元，增加 1 张订单		1 万元，1 张单；3 万元，2 张单；5 万元，3 张单……
维修费		1 万元 / 条 / 年	每年年末	生产设备建成的年末开始
市场准入	本地、区域、国内	1 万元	每年年末	1 万元 / 年
	国际	2 万元	每年年末	1 万元 / 年，分 2 年
产品研发	P1	1 万元	每季度，可中途终止	1 万元 / 季，办证费 0 万元
	P2	5 万元		2 万元 / 季，分 2 季，办证费 1 万元

续表

项目	类别	费用金额	周期	备注
违约金		违约订单的销售额 ×40%	年末	向上取整
其他	出售生产线	按净残值出售	随时	四舍五入取整

分岗练习 3：企业在第一、二季度研发 P2 产品，其第一季度的费用为（　　）万元，第二季度的费用是（　　）万元，可以取得 P2 的生产资格证。

A. 2　1　　　　B. 2　2

C. 2　3　　　　D. 2　4

分岗练习 4：企业违约一张销售额为 13 万元的订单，其违约金是（　　）万元，计入“综合费用——其他”。

A. 4　　　　B. 5

C. 6　　　　D. 7

4. 财务报表

（1）利润表

利润表填写说明

项目	说明	备注
毛利	指从销售收入中扣除材料、人工后的利润	毛利 = 销售收入 − 直接成本
折旧	手工生产线的折旧费为 1 万元 / 年 / 条 全自动生产线的折旧费为 2 万元 / 年 / 条	建成当年计提，在建工程不用计提
财务费用	（1）利息 （2）贴息	短期借款利率 5% 贴现率 10%
所得税	税前利润 ×25%	小数点向下取整
净利润	税前利润 − 所得税	

（2）资产负债表

资产负债表填写说明

	项目	沙盘盘面与填写数据说明	备注
流动资产	现金	现金栏余留的资金	
	在制品	生产线上的在制品，按成本进行计算	P1 在制品为 2 万元 / 个，P2 在制品为 3 万元 / 个
	成品	产品库里的产品，按成本进行计算	P1 单位成本为 2 万元 / 个，P2 单位成本为 3 万元 / 个
	原料	材料库里的材料，按材料购买价计算	R1 材料、R2 材料均为 1 万元 / 个

续表

	项目	沙盘盘面与填写数据说明	备注
固定资产	土地和建筑	即厂房	1 间厂房价值 20 万元，可以容纳 10 条生产线
	机器与设备	包括手工生产线、全自动生产线，按每条生产线的净值进行登记，即购买价扣除折旧后的金额	如：第一年购入 1 条全自动生产线，第二年该全自动生产线价值为购买价 12 万元减 2 万元，10 万元
	在建工程	正在安装的生产线，按购买价进行登记，不用考虑折旧	
负债	银行贷款	本年内向银行申请的短期贷款额	
	应交税金	等于利润表里的所得税金额	
所有者权益	股东资本	企业创立时的注册资本金	此规则注册资金为 40 万元
	利润留存	企业每年赚取或亏损的利润累计数	本年的利润留存 = 上一年利润留存 + 上一年年度净利
	年度净利	等于利润表的净利润栏金额	

分岗练习 5： 已知某公司第一年的利润留存为 8 万元，第一年的年度净利为 2 万元，计算第二年的利润留存为（　　）万元。

A. 6　　B. 10　　C. 12　　D. 14

拓练导学

岗位：财务总监

练习一：多选题

1. 在年初，需要支付哪些费用？（　　）

A. 购买原材料　　B. 支付广告费

C. 支付人工费　　D. 支付应付税

2. 关于融资的规则，正确的是（　　）。

A. 先贷款再还款

B. 贷款的期限为 1 年，利率为 5%

C. 20 万元短期贷款到期利息为 1 万元

D. 20 万元的应收款贴现利息为 2 万元

3. 关于费用的描述，正确的是（　　）。

A. 研发 P2 产品，分 2 个季度，费用共 5 万元

B. 取得区域市场准入的费用为 1 万元

C. 管理费用为 1 万元 / 季

D. 手工生产线、全自动生产线的折旧均为 2 万元 / 年

E. 手工生产线、全自动生产线的维修费均为 1 万元 / 年

4. 关于违约金描述及计算，正确的是（　　）。

A. 违约金按订单销售额的 25% 计算，向上取整

B. 违约金按订单销售额的 40% 计算，向上取整

C. 违约销售额为 30 万元的订单，需支付的违约金为 1 万元

D. 违约销售额为 30 万元的订单，需支付的违约金为 2 万元

5. 关于计提折旧与生产线净值的描述正确的是（　　）。

A. 第一年购入手工生产线 1 条，第二年计提折旧 1 万元

B. 第一年购入全自动生产线 1 条，第二年计提折旧 2 万元

C. 购入 1 条手工生产线，第二年该生产线净值为 4 万元

D. 购入 1 条手工生产线，第二年该生产线净值为 10 万元

练习二：填空题（本企业主要财务信息）

1. 厂房价值 ____________ 万元。

2. 手工生产线价值 __________ 万元，全自动生产线价值 ____________ 万元。

3. 注册资金 ____________ 万元。

4. 企业所得税 = 税前利润 × ___________。

5. 违约金 = 违约订单销售额 × ___________%。

6. 短期贷款利率为 ___________%，贴现率为 ___________%。

学练导评

日期：__________

岗位：__________

星级评分表

您的星星总数______颗，岗位星级：______

项目		题号	答题区	评分
分岗练习 1		（1）		☆☆☆☆☆
		（2）	本金 = 利息 =	
分岗摆盘 1			请将空桶推演按第二至第四季度在图中标示出来	☆☆☆☆☆
分岗练习 2				☆☆☆☆☆
分岗练习 3				☆☆☆☆☆
分岗练习 4				☆☆☆☆☆
分岗练习 5				☆☆☆☆☆
拓练导学	练习一：多选题	1		☆☆☆☆☆
		2		☆☆☆☆☆
		3		☆☆☆☆☆
		4		☆☆☆☆☆
		5		☆☆☆☆☆
	练习二：填空题	1		☆☆☆☆☆
		2		☆☆☆☆☆
		3		☆☆☆☆☆
		4		☆☆☆☆☆
		5		☆☆☆☆☆
		6		☆☆☆☆☆

运行记录表
年初
任务1：参加订货会
任务2：制定新年度计划
任务3：支付应付税
年中(四个季度)
任务1：季初盘点(财务总监)
流程1：季初现金盘点
流程2：更新贷款/还本付息
支付利息(5%财务费用)
流程3：申请贷款
短期借款(期限：4个季度)
任务2：采购(采购总监/财务总监)
流程4：采购订购的原材料
R1/R2采购价1万元
流程5：下材料订单
R1/R2提前1个季度预订
任务3：生产(生产总监/采购总监/市场总监/财务总监)
流程6：更新生产/完工入库
流程7：变卖/购买生产线/生产线到位
手工生产线
无安装周期、生产周期3个季度
全自动生产线
1个季度安装周期、生产周期1个季度
流程8：开始下一批生产
任务4 :销售(市场总监/财务总监)
流程9：更新应收款/应收款收现
应收款贴现(10%财务费用)
流程10：按订单交货
违约(40% 其他费用)
任务5：季末(财务总监)
流程11：产品研发
P1、P2产品研发费分别为1万元、5万元
流程12：支付行政管理费
1万元/季
流程13：季末现金对账
年末
任务1：支付设备维修费
任务2：计提折旧
任务3：新市场开拓
任务4：结账

四岗分核、十三流程图

第（　　）组　财务总监　运行记录表（以“万元”为单位）　第（　　）年

年初	年初现金余额（上一年的年末现金数）				
	参加订货会，支付广告费				
	登记销售订单				
1	季初现金盘点（当前余额）				
2	更新贷款 / 还本付息（先偿还才能再贷款）				
3	申请贷款（每个季度 20 万 /40 万元，全年不超 120 万元）				
4	购买上一季度订购的原材料并入库				
5	下一季度原料订单				
6	更新生产 / 完工入库				
7	购买新生产线 / 生产线到位 / 变卖生产线				
8	开始下一批生产（支付加工费，每种产品 1 万元）				
9	更新应收款 / 应收款收现				
10	按订单交货（登记收回的货款收入）				
11	产品研发投资（P2 生产资格证研发）				
12	支付行政管理费（每个季度 1 万元）				
13	其他现金收支情况登记				
14	现金流入合计				
15	现金支出合计（不含广告费支出）				
16	期末现金对账（每季末余额）				
年末	支付设备维修费（每条生产线 1 万元，在建忽略）				
	计提折旧（手工生产线 1 万元，全自动生产线 2 万元，在建忽略）				（　）
	新市场开拓（区域市场，1 万元）				
	本年度各类损失合计（须计入其他费用）				（　）
	结账（年末剩余现金数）				

__________年综合费用表

项目	金额	备注
管理费		
广告费		
维修费		
市场准入开拓		□本地 □国内 □国际
产品研发		P1 □ P2 □
其他		
合计		

______年利润表

项目	算符	上年数	本年数
（1）销售收入			
（2）直接成本	–		
（3）毛利 =（1）-（2）	=		
（4）综合费用	–		
（5）折旧前利润 =（3）-（4）	=		
（6）折旧	–		
（7）支付利息前利润 =（5）-（6）	=		
（8）财务费用 / 收入	±		
（9）其他支出 / 收入	±		
（10）税前利润 =（7）±（8）±（9）	=		
（11）所得税（10）≤ 0（11）=0 （10）>0（11）=（10）×25%	–		
（12）净利润 =（10）-（11）	=		

________年资产负债表

资产	期初数	期末数	负债和所有者权益	期初数	期末数
流动资产：			负债：		
（1）现金			（10）银行借款		
（2）在制品			（11）应交税金		
（3）成品					
（4）原料					
（5）流动资产合计 =（1）+（2）+（3）+（4）			（12）负债合计 =（10）+（11）		
固定资产：			所有者权益：		
（6）土地和建筑			（13）股东资本		
（7）机器与设备			（14）利润留存		
（8）在建工程			（15）年度净利		
（9）固定资产合计 =（6）+（7）+（8）			（16）所有者权益合计 =（13）+（14）+（15）		
资产总额 =（5）+（9）			负债 + 所有者权益 =（12）+（16）		

注：1.（11）应交税金为利润表的所得税（11）；
2.（13）股东资本为注册资金，即 40 万元；
3.（14）本年的利润留存 = 上一年的利润留存 + 上一年的年度净利；
4.（15）年度净利为利润表的净利润（12）。

第（　　）组　财务总监　运行记录表（以“万元”为单位）　第（　　）年

年初	年初现金余额（上一年的年末现金数）				
	参加订货会，支付广告费				
	登记销售订单				
1	季初现金盘点（当前余额）				
2	更新贷款 / 还本付息（先偿还才能再贷款）				
3	申请贷款（每个季度 20 万 /40 万元，全年不超 120 万元）				
4	购买上一季度订购的原材料并入库				
5	下一季度原料订单				
6	更新生产 / 完工入库				
7	购买新生产线 / 生产线到位 / 变卖生产线				
8	开始下一批生产（支付加工费，每种产品 1 万元）				
9	更新应收款 / 应收款收现				
10	按订单交货（登记收回的货款收入）				
11	产品研发投资（P2 生产资格证研发）				
12	支付行政管理费（每个季度 1 万元）				
13	其他现金收支情况登记				
14	现金流入合计				
15	现金支出合计（不含广告费支出）				
16	期末现金对账（每季末余额）				
年末	支付设备维修费（每条生产线 1 万元，在建忽略）				
	计提折旧（手工生产线 1 万元，全自动生产线 2 万元，在建忽略）				（　）
	新市场开拓（区域市场，1 万元）				
	本年度各类损失合计（须计入其他费用）				（　）
	结账（年末剩余现金数）				

____________年综合费用表

项目	金额	备注
管理费		
广告费		
维修费		
市场准入开拓		□本地 □国内 □国际
产品研发		P1□ P2□
其他		
合计		

____________年利润表

项目	算符	上年数	本年数
(1)销售收入			
(2)直接成本	–		
(3)毛利 =(1)–(2)	=		
(4)综合费用	–		
(5)折旧前利润 =(3)–(4)	=		
(6)折旧	–		
(7)支付利息前利润 =(5)–(6)	=		
(8)财务费用 / 收入	±		
(9)其他支出 / 收入	±		
(10)税前利润 =(7)±(8)±(9)	=		
(11)所得税(10)≤0(11)=0 (10)>0(11)=(10)×25%	–		
(12)净利润 =(10)–(11)	=		

______年资产负债表

资产	期初数	期末数	负债和所有者权益	期初数	期末数
流动资产：			负债：		
（1）现金			（10）银行借款		
（2）在制品			（11）应交税金		
（3）成品					
（4）原料					
（5）流动资产合计 =（1）+（2）+（3）+（4）			（12）负债合计 =（10）+（11）		
固定资产：			所有者权益：		
（6）土地和建筑			（13）股东资本		
（7）机器与设备			（14）利润留存		
（8）在建工程			（15）年度净利		
（9）固定资产合计 =（6）+（7）+（8）			（16）所有者权益合计 =（13）+（14）+（15）		
资产总额 =（5）+（9）			负债 + 所有者权益 =（12）+（16）		

注：1.（11）应交税金为利润表的所得税（11）；
2.（13）股东资本为注册资金，即 40 万元；
3.（14）本年的利润留存 = 上一年的利润留存 + 上一年的年度净利；
4.（15）年度净利为利润表的净利润（12）。

第（　　）组　财务总监　运行记录表（以“万元”为单位）　第（　　）年

年初	年初现金余额（上一年的年末现金数）				
	参加订货会，支付广告费				
	登记销售订单				
1	季初现金盘点（当前余额）				
2	更新贷款 / 还本付息（先偿还才能再贷款）				
3	申请贷款（每个季度 20 万 /40 万元，全年不超 120 万元）				
4	购买上一季度订购的原材料并入库				
5	下一季度原料订单				
6	更新生产 / 完工入库				
7	购买新生产线 / 生产线到位 / 变卖生产线				
8	开始下一批生产（支付加工费，每种产品 1 万元）				
9	更新应收款 / 应收款收现				
10	按订单交货（登记收回的货款收入）				
11	产品研发投资（P2 生产资格证研发）				
12	支付行政管理费（每个季度 1 万元）				
13	其他现金收支情况登记				
14	现金流入合计				
15	现金支出合计（不含广告费支出）				
16	期末现金对账（每季末余额）				
年末	支付设备维修费（每条生产线 1 万元，在建忽略）				
	计提折旧（手工生产线 1 万元，全自动生产线 2 万元，在建忽略）				（　）
	新市场开拓（区域市场，1 万元）				
	本年度各类损失合计（须计入其他费用）				（　）
	结账（年末剩余现金数）				

________年综合费用表

项目	金额	备注
管理费		
广告费		
维修费		
市场准入开拓		□本地　□国内　□国际
产品研发		P1 □　P2 □
其他		
合计		

______年利润表

项目	算符	上年数	本年数
（1）销售收入			
（2）直接成本	—		
（3）毛利＝（1）－（2）	＝		
（4）综合费用	—		
（5）折旧前利润＝（3）－（4）	＝		
（6）折旧	—		
（7）支付利息前利润＝（5）－（6）	＝		
（8）财务费用／收入	±		
（9）其他支出／收入	±		
（10）税前利润＝（7）±（8）±（9）	＝		
（11）所得税（10）≤0（11）=0 （10）>0（11）＝（10）×25%	–		
（12）净利润＝（10）－（11）	＝		

________年资产负债表

资产	期初数	期末数	负债和所有者权益	期初数	期末数
流动资产：			负债：		
（1）现金			（10）银行借款		
（2）在制品			（11）应交税金		
（3）成品					
（4）原料					
（5）流动资产合计 =（1）+（2）+（3）+（4）			（12）负债合计 =（10）+（11）		
固定资产：			所有者权益：		
（6）土地和建筑			（13）股东资本		
（7）机器与设备			（14）利润留存		
（8）在建工程			（15）年度净利		
（9）固定资产合计 =（6）+（7）+（8）			（16）所有者权益合计 =（13）+（14）+（15）		
资产总额 =（5）+（9）			负债 + 所有者权益 =（12）+（16）		

注：1.（11）应交税金为利润表的所得税（11）；
2.（13）股东资本为注册资金，即 40 万元；
3.（14）本年的利润留存 = 上一年的利润留存 + 上一年的年度净利；
4.（15）年度净利为利润表的净利润（12）。

第（　　）组　财务总监　运行记录表（以“万元”为单位）　第（　　）年

年初	年初现金余额（上一年的年末现金数）				
	参加订货会，支付广告费				
	登记销售订单				
1	季初现金盘点（当前余额）				
2	更新贷款 / 还本付息（先偿还才能再贷款）				
3	申请贷款（每个季度 20 万 /40 万元，全年不超 120 万元）				
4	购买上一季度订购的原材料并入库				
5	下一季度原料订单				
6	更新生产 / 完工入库				
7	购买新生产线 / 生产线到位 / 变卖生产线				
8	开始下一批生产（支付加工费，每种产品 1 万元）				
9	更新应收款 / 应收款收现				
10	按订单交货（登记收回的货款收入）				
11	产品研发投资（P2 生产资格证研发）				
12	支付行政管理费（每个季度 1 万元）				
13	其他现金收支情况登记				
14	现金流入合计				
15	现金支出合计（不含广告费支出）				
16	期末现金对账（每季末余额）				
年末	支付设备维修费（每条生产线 1 万元，在建忽略）				
	计提折旧（手工生产线 1 万元，全自动生产线 2 万元，在建忽略）				（　）
	新市场开拓（区域市场，1 万元）				
	本年度各类损失合计（须计入其他费用）				（　）
	结账（年末剩余现金数）				

____________年综合费用表

项目	金额	备注
管理费		
广告费		
维修费		
市场准入开拓		□本地　□国内　□国际
产品研发		P1 □　P2 □
其他		
合计		

____年利润表

项目	算符	上年数	本年数
（1）销售收入			
（2）直接成本	—		
（3）毛利 =（1）-（2）	=		
（4）综合费用	—		
（5）折旧前利润 =（3）-（4）	=		
（6）折旧	—		
（7）支付利息前利润 =（5）-（6）	=		
（8）财务费用 / 收入	±		
（9）其他支出 / 收入	±		
（10）税前利润 =（7）±（8）±（9）	=		
（11）所得税（10）≤ 0（11）=0 （10）>0（11）=（10）×25%	-		
（12）净利润 =（10）-（11）	=		

＿＿＿＿年资产负债表

资产	期初数	期末数	负债和所有者权益	期初数	期末数
流动资产：			负债：		
（1）现金			（10）银行借款		
（2）在制品			（11）应交税金		
（3）成品					
（4）原料					
（5）流动资产合计 =（1）+（2）+（3）+（4）			（12）负债合计 =（10）+（11）		
固定资产：			所有者权益：		
（6）土地和建筑			（13）股东资本		
（7）机器与设备			（14）利润留存		
（8）在建工程			（15）年度净利		
（9）固定资产合计 =（6）+（7）+（8）			（16）所有者权益合计 =（13）+（14）+（15）		
资产总额 =（5）+（9）			负债＋所有者权益 =（12）+（16）		

注：1.（11）应交税金为利润表的所得税（11）；
2.（13）股东资本为注册资金，即 40 万元；
3.（14）本年的利润留存 = 上一年的利润留存 + 上一年的年度净利；
4.（15）年度净利为利润表的净利润（12）。

第（　　）组　财务总监　运行记录表（以“万元”为单位）　第（　　）年

年初	年初现金余额（上一年的年末现金数）				
	参加订货会，支付广告费				
	登记销售订单				
1	季初现金盘点（当前余额）				
2	更新贷款 / 还本付息（先偿还才能再贷款）				
3	申请贷款（每个季度 20 万 /40 万元，全年不超 120 万元）				
4	购买上一季度订购的原材料并入库				
5	下一季度原料订单				
6	更新生产 / 完工入库				
7	购买新生产线 / 生产线到位 / 变卖生产线				
8	开始下一批生产（支付加工费，每种产品 1 万元）				
9	更新应收款 / 应收款收现				
10	按订单交货（登记收回的货款收入）				
11	产品研发投资（P2 生产资格证研发）				
12	支付行政管理费（每个季度 1 万元）				
13	其他现金收支情况登记				
14	现金流入合计				
15	现金支出合计（不含广告费支出）				
16	期末现金对账（每季末余额）				
年末	支付设备维修费（每条生产线 1 万元，在建忽略）				
	计提折旧（手工生产线 1 万元，全自动生产线 2 万元，在建忽略）				（　）
	新市场开拓（区域市场，1 万元）				
	本年度各类损失合计（须计入其他费用）				（　）
	结账（年末剩余现金数）				

____________年综合费用表

项目	金额	备注
管理费		
广告费		
维修费		
市场准入开拓		□本地 □国内 □国际
产品研发		P1 □ P2 □
其他		
合计		

______年利润表

项目	算符	上年数	本年数
（1）销售收入			
（2）直接成本	–		
（3）毛利 =（1）-（2）	=		
（4）综合费用	–		
（5）折旧前利润 =（3）-（4）	=		
（6）折旧	–		
（7）支付利息前利润 =（5）-（6）	=		
（8）财务费用 / 收入	±		
（9）其他支出 / 收入	±		
（10）税前利润 =（7）±（8）±（9）	=		
（11）所得税（10）≤ 0（11）=0 （10）>0（11）=（10）×25%	-		
（12）净利润 =（10）-（11）	=		

________年资产负债表

资产	期初数	期末数	负债和所有者权益	期初数	期末数
流动资产：			负债：		
（1）现金			（10）银行借款		
（2）在制品			（11）应交税金		
（3）成品					
（4）原料					
（5）流动资产合计 =（1）+（2）+（3）+（4）			（12）负债合计 =（10）+（11）		
固定资产：			所有者权益：		
（6）土地和建筑			（13）股东资本		
（7）机器与设备			（14）利润留存		
（8）在建工程			（15）年度净利		
（9）固定资产合计 =（6）+（7）+（8）			（16）所有者权益合计 =（13）+（14）+（15）		
资产总额 =（5）+（9）			负债 + 所有者权益 =（12）+（16）		

注：1.（11）应交税金为利润表的所得税（11）；
2.（13）股东资本为注册资金，即 40 万元；
3.（14）本年的利润留存 = 上一年的利润留存 + 上一年的年度净利；
4.（15）年度净利为利润表的净利润（12）。

第（　　）组　财务总监　运行记录表（以“万元”为单位）　第（　　）年

<table>
<tr><td rowspan="3">年初</td><td>年初现金余额（上一年的年末现金数）</td><td colspan="2"></td><td colspan="2"></td><td colspan="2"></td><td colspan="2"></td></tr>
<tr><td>参加订货会，支付广告费</td><td colspan="2"></td><td colspan="2"></td><td colspan="2"></td><td colspan="2"></td></tr>
<tr><td>登记销售订单</td><td colspan="2"></td><td colspan="2"></td><td colspan="2"></td><td colspan="2"></td></tr>
<tr><td></td><td></td><td colspan="2"></td><td colspan="2"></td><td colspan="2"></td><td colspan="2"></td></tr>
<tr><td>1</td><td>季初现金盘点（当前余额）</td><td colspan="2"></td><td colspan="2"></td><td colspan="2"></td><td colspan="2"></td></tr>
<tr><td>2</td><td>更新贷款 / 还本付息（先偿还才能再贷款）</td><td colspan="2"></td><td colspan="2"></td><td colspan="2"></td><td colspan="2"></td></tr>
<tr><td>3</td><td>申请贷款（每个季度 20 万 /40 万元，全年不超 120 万元）</td><td colspan="2"></td><td colspan="2"></td><td colspan="2"></td><td colspan="2"></td></tr>
<tr><td>4</td><td>购买上一季度订购的原材料并入库</td><td></td><td></td><td></td><td></td><td></td><td></td><td></td><td></td></tr>
<tr><td>5</td><td>下一季度原料订单</td><td></td><td></td><td></td><td></td><td></td><td></td><td></td><td></td></tr>
<tr><td>6</td><td>更新生产 / 完工入库</td><td></td><td></td><td></td><td></td><td></td><td></td><td></td><td></td></tr>
<tr><td>7</td><td>购买新生产线 / 生产线到位 / 变卖生产线</td><td colspan="2"></td><td colspan="2"></td><td colspan="2"></td><td colspan="2"></td></tr>
<tr><td>8</td><td>开始下一批生产（支付加工费，每种产品 1 万元）</td><td colspan="2"></td><td colspan="2"></td><td colspan="2"></td><td colspan="2"></td></tr>
<tr><td>9</td><td>更新应收款 / 应收款收现</td><td colspan="2"></td><td colspan="2"></td><td colspan="2"></td><td colspan="2"></td></tr>
<tr><td>10</td><td>按订单交货（登记收回的货款收入）</td><td colspan="2"></td><td colspan="2"></td><td colspan="2"></td><td colspan="2"></td></tr>
<tr><td>11</td><td>产品研发投资（P2 生产资格证研发）</td><td colspan="2"></td><td colspan="2"></td><td colspan="2"></td><td colspan="2"></td></tr>
<tr><td>12</td><td>支付行政管理费（每个季度 1 万元）</td><td colspan="2"></td><td colspan="2"></td><td colspan="2"></td><td colspan="2"></td></tr>
<tr><td>13</td><td>其他现金收支情况登记</td><td colspan="2"></td><td colspan="2"></td><td colspan="2"></td><td colspan="2"></td></tr>
<tr><td>14</td><td>现金流入合计</td><td colspan="2"></td><td colspan="2"></td><td colspan="2"></td><td colspan="2"></td></tr>
<tr><td>15</td><td>现金支出合计（不含广告费支出）</td><td colspan="2"></td><td colspan="2"></td><td colspan="2"></td><td colspan="2"></td></tr>
<tr><td>16</td><td>期末现金对账（每季末余额）</td><td colspan="2"></td><td colspan="2"></td><td colspan="2"></td><td colspan="2"></td></tr>
<tr><td></td><td></td><td colspan="2"></td><td colspan="2"></td><td colspan="2"></td><td colspan="2"></td></tr>
<tr><td rowspan="5">年末</td><td>支付设备维修费（每条生产线 1 万元，在建忽略）</td><td colspan="2"></td><td colspan="2"></td><td colspan="2"></td><td colspan="2"></td></tr>
<tr><td>计提折旧（手工生产线 1 万元，全自动生产线 2 万元，在建忽略）</td><td colspan="2"></td><td colspan="2"></td><td colspan="2"></td><td colspan="2">（　）</td></tr>
<tr><td>新市场开拓（区域市场，1 万元）</td><td colspan="2"></td><td colspan="2"></td><td colspan="2"></td><td colspan="2"></td></tr>
<tr><td>本年度各类损失合计（须计入其他费用）</td><td colspan="2"></td><td colspan="2"></td><td colspan="2"></td><td colspan="2">（　）</td></tr>
<tr><td>结账（年末剩余现金数）</td><td colspan="2"></td><td colspan="2"></td><td colspan="2"></td><td colspan="2"></td></tr>
</table>

____________年综合费用表

项目	金额	备注
管理费		
广告费		
维修费		
市场准入开拓		□本地 □国内 □国际
产品研发		P1□ P2□
其他		
合计		

________年利润表

项目	算符	上年数	本年数
（1）销售收入			
（2）直接成本	−		
（3）毛利 =（1）−（2）	=		
（4）综合费用	−		
（5）折旧前利润 =（3）−（4）	=		
（6）折旧	−		
（7）支付利息前利润 =（5）−（6）	=		
（8）财务费用 / 收入	±		
（9）其他支出 / 收入	±		
（10）税前利润 =（7）±（8）±（9）	=		
（11）所得税（10）≤ 0（11）=0 （10）>0（11）=（10）×25%	−		
（12）净利润 =（10）−（11）	=		

________年资产负债表

资产	期初数	期末数	负债和所有者权益	期初数	期末数
流动资产：			负债：		
（1）现金			（10）银行借款		
（2）在制品			（11）应交税金		
（3）成品					
（4）原料					
（5）流动资产合计 =（1）+（2）+（3）+（4）			（12）负债合计 =（10）+（11）		
固定资产：			所有者权益：		
（6）土地和建筑			（13）股东资本		
（7）机器与设备			（14）利润留存		
（8）在建工程			（15）年度净利		
（9）固定资产合计 =（6）+（7）+（8）			（16）所有者权益合计 =（13）+（14）+（15）		
资产总额 =（5）+（9）			负债 + 所有者权益 =（12）+（16）		

注：1.（11）应交税金为利润表的所得税（11）；
2.（13）股东资本为注册资金，即 40 万元；
3.（14）本年的利润留存 = 上一年的利润留存 + 上一年的年度净利；
4.（15）年度净利为利润表的净利润（12）。

______________公司采购总监

岗位工作手册

工作照粘贴处	姓名：______________ 职位：______________ 组号：______________

班级 ____________________

组号 ____________________

姓名 ____________________

学号 ____________________

日期 ____________________

工作口诀：以产计料、先订后买！

注：采购总监填写运行记录表 1、4、5、8、13 流程，记录材料库存的数量，流程口诀：四增五订八减，以个为单位记录数量。

采购总监须知

1. 材料采购

原材料购买价格及订货期

原料	购买价格	提前期
R1	1 万元 / 个	1 季度（Q）
R2	1 万元 / 个	1 季度（Q）

（1）原材料需要提前 1 个季度预订，向原材料供应商下订单；

（2）购买原则是：严格按照订单数量购买。

分岗摆盘 1：第一季度预订 2 个 R1 原材料、1 个 R2 原材料，第二季度进行摆盘。（将左边的材料图连线到沙盘盘面上）

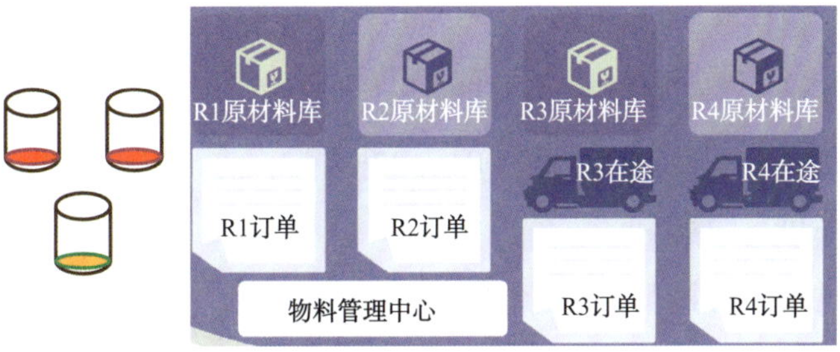

原材料按订单采购

课堂支架：严格按预订材料进行采购。

2. 产料关系

材料与产品关系图

产品	原料	购买价格	提前期
P1	R1 	1 万元 / 个	1 季度（Q）
P2	R1 	1 万元 / 个	1 季度（Q）
	R2 	1 万元 / 个	1 季度（Q）

分岗练习 1：企业第二季度生产 1P1、1P2 产品，则第一季度预订的原材料是（　　）。

A. 1R1、1R2　　B. 1R1、2R2　　C. 2R1、1R2　　D. 2R1、2R2

拓练导学

岗位：采购总监

练习一：单选题

1. 购买 5R1、4R2，需要（　　）万元

A. 7　　B. 9　　C. 10　　D. 13

练习二：多选题

1. 关于预订、购买原材料，正确的是（　　）。

A. 须提前一个季度预订原材料 R1、R2

B. 按订单进行购买

C. 按需购买原材料

D. 无须预订原材料

2. 关于原材料采购价格，正确的是（　　）。

A. 预订 1R1、1R2 原材料，需要支付 1 万元定金

B. 预订 1R1、1R2 原材料，无须支付定金

C. 采购 1R1、1R2 原材料，共支付 2 万元

D 采购 1R1、1R2 原材料，共支付 3 万元

3. 本年第二季度生产 1P2 产品，所预订的原材料是（　　）。

A. 本年第一季度预订 1R1、1R2　　B. 本年第一季度预订 2R1

C. 本年第二季度预订 1R1、1R2　　D. 本年第二季度预订 2R2

4. 生产 1P、3P2 产品，请计算并精准预订原材料的数量是（　　）。

A. 预订 2R1、1R2　　B. 预订 3R1、2R2

C. 预订 4R1、3R2　　D. 预订 5R1、4R2

学练导评

日期：____________

岗位：____________

星级评分表

您的星星总数 ______ 颗，岗位星级：______

项目	题号	答题区	评分
分岗摆盘 1		将左边的材料图连线到沙盘盘面上	☆☆☆☆☆
分岗练习 1			☆☆☆☆☆
拓练导学	练习一：单选题	1.	☆☆☆☆☆
	练习二：多选题	1.	☆☆☆☆☆
		2.	☆☆☆☆☆
		3.	☆☆☆☆☆
		4.	☆☆☆☆☆

运行记录表
年初
任务1：参加订货会
任务2：制定新年度计划
任务3：支付应付税
年中(四个季度)
任务1：季初盘点(采购总监)
流程1：季初材料数量盘点
流程2：更新贷款/还本付息
支付利息(5%财务费用)
流程3：申请贷款
短期借款(期限：4个季度)
任务2：采购(采购总监/财务总监)
流程4：采购订购的原材料
R1/R2采购价1万元
材料入库，库存材料增加+
流程5：下材料订单
R1/R2提前1个季度预订
任务3：生产(生产总监/采购总监/市场总监/财务总监)
流程6：更新生产/完工入库
流程7：变卖/购买生产线/生产线到位
手工生产线
无安装周期、生产周期3个季度
全自动生产线
1个季度安装周期、生产周期1个季度
流程8：开始下一批生产
原材料出库，库存材料减少-
任务4 :销售(市场总监/财务总监)
流程9：更新应收款/应收款收现
应收款贴现(10%财务费用)
流程10：按订单交货
违约(40% 其他费用)
任务5：季末(财务总监)
流程11：产品研发
P1、 P2产品研发费分别为1万元、 5万元
流程12：支付行政管理费
1万元/季
流程13：季末现金对账
年末
任务1：支付设备维修费
任务2：计提折旧
任务3：新市场开拓
任务4：结账

采购总监运行流程图

第（　　）组　采购总监　运行记录表（以材料数量“个”为单位）　第（　　）年

年初	操作名称	手工记录							
	年初现金								
	广告投放								
	支付所得税								
	任务清单	一季度		二季度		三季度		四季度	
		R1	R2	R1	R2	R1	R2	R1	R2
1	季初盘点（原材料）								
2	更新贷款/还本付息								
3	申请短期贷款								
4	采购原材料并入库“+”（按上季度订单采购）	+	+	+	+	+	+	+	+
5	下原材料订单（供下季度生产用）	（　）	（　）	（　）	（　）	（　）	（　）	（　）	（　）
6	更新生产/完工入库数量								
7	新建/变卖生产线								
8	开始下一批生产（原材料出库）“–”	–	–	–	–	–	–	–	–
9	更新应收款/应收款收现								
10	按订单交货								
11	产品研发投资								
12	支付行政管理费								
13	季末盘点（原材料）								

注：采购总监只填写此表的1、4、5、8、13流程，黄色覆盖部分不用填写！记录材料库存的数量，流程口诀：四增五订八减，即流程4材料入库增加“+”，流程8材料出库减少“–”，流程5预订材料，使用（　），不计入数量增减。

第（　　）组　采购总监　运行记录表（以材料数量“个”为单位）　第（　　）年

	操作名称	手工记录							
年初	年初现金								
	广告投放								
	支付所得税								
	任务清单	一季度		二季度		三季度		四季度	
		R1	R2	R1	R2	R1	R2	R1	R2
1	季初盘点（原材料）								
2	更新贷款／还本付息								
3	申请短期贷款								
4	采购原材料并入库“+”（按上季度订单采购）	+	+	+	+	+	+	+	+
5	下原材料订单（供下季度生产用）	（　）	（　）	（　）	（　）	（　）	（　）	（　）	（　）
6	更新生产／完工入库数量								
7	新建／变卖生产线								
8	开始下一批生产（原材料出库）“–”	–	–	–	–	–	–	–	–
9	更新应收款／应收款收现								
10	按订单交货								
11	产品研发投资								
12	支付行政管理费								
13	季末盘点（原材料）								

注：采购总监只填写此表的 1、4、5、8、13 流程，黄色覆盖部分不用填写！记录材料库存的数量，流程口诀：四增五订八减，即流程 4 材料入库增加“+”，流程 8 材料出库减少“–”，流程 5 预订材料，使用（　），不计入数量增减。

第（　　）组　采购总监　运行记录表（以材料数量“个”为单位）　第（　　）年

	操作名称	手工记录							
年初	年初现金								
	广告投放								
	支付所得税								
	任务清单	一季度		二季度		三季度		四季度	
		R1	R2	R1	R2	R1	R2	R1	R2
1	季初盘点（原材料）								
2	更新贷款／还本付息								
3	申请短期贷款								
4	采购原材料并入库“+”（按上季度订单采购）	+	+	+	+	+	+	+	+
5	下原材料订单（供下季度生产用）	（　　）	（　　）	（　　）	（　　）	（　　）	（　　）	（　　）	（　　）
6	更新生产／完工入库数量								
7	新建／变卖生产线								
8	开始下一批生产（原材料出库）“–”	–	–	–	–	–	–	–	–
9	更新应收款／应收款收现								
10	按订单交货								
11	产品研发投资								
12	支付行政管理费								
13	季末盘点（原材料）								

注：采购总监只填写此表的 1、4、5、8、13 流程，黄色覆盖部分不用填写！记录材料库存的数量，流程口诀：四增五订八减，即流程 4 材料入库增加“+”，流程 8 材料出库减少“–”，流程 5 预订材料，使用（　），不计入数量增减。

第（　　）组　采购总监　运行记录表（以材料数量“个”为单位）　第（　　）年

<table>
<tr><td rowspan="4">年初</td><td>操作名称</td><td colspan="8">手工记录</td></tr>
<tr><td>年初现金</td><td colspan="8" rowspan="3"></td></tr>
<tr><td>广告投放</td></tr>
<tr><td>支付所得税</td></tr>
<tr><td rowspan="2"></td><td rowspan="2">任务清单</td><td colspan="2">一季度</td><td colspan="2">二季度</td><td colspan="2">三季度</td><td colspan="2">四季度</td></tr>
<tr><td>R1</td><td>R2</td><td>R1</td><td>R2</td><td>R1</td><td>R2</td><td>R1</td><td>R2</td></tr>
<tr><td>1</td><td>季初盘点（原材料）</td><td></td><td></td><td></td><td></td><td></td><td></td><td></td><td></td></tr>
<tr><td>2</td><td>更新贷款 / 还本付息</td><td></td><td></td><td></td><td></td><td></td><td></td><td></td><td></td></tr>
<tr><td>3</td><td>申请短期贷款</td><td></td><td></td><td></td><td></td><td></td><td></td><td></td><td></td></tr>
<tr><td>4</td><td>采购原材料并入库“+”（按上季度订单采购）</td><td>+</td><td>+</td><td>+</td><td>+</td><td>+</td><td>+</td><td>+</td><td>+</td></tr>
<tr><td>5</td><td>下原材料订单（供下季度生产用）</td><td>（　）</td><td>（　）</td><td>（　）</td><td>（　）</td><td>（　）</td><td>（　）</td><td>（　）</td><td>（　）</td></tr>
<tr><td>6</td><td>更新生产 / 完工入库数量</td><td></td><td></td><td></td><td></td><td></td><td></td><td></td><td></td></tr>
<tr><td>7</td><td>新建 / 变卖生产线</td><td></td><td></td><td></td><td></td><td></td><td></td><td></td><td></td></tr>
<tr><td>8</td><td>开始下一批生产（原材料出库）“–”</td><td>–</td><td>–</td><td>–</td><td>–</td><td>–</td><td>–</td><td>–</td><td>–</td></tr>
<tr><td>9</td><td>更新应收款 / 应收款收现</td><td></td><td></td><td></td><td></td><td></td><td></td><td></td><td></td></tr>
<tr><td>10</td><td>按订单交货</td><td></td><td></td><td></td><td></td><td></td><td></td><td></td><td></td></tr>
<tr><td>11</td><td>产品研发投资</td><td></td><td></td><td></td><td></td><td></td><td></td><td></td><td></td></tr>
<tr><td>12</td><td>支付行政管理费</td><td></td><td></td><td></td><td></td><td></td><td></td><td></td><td></td></tr>
<tr><td>13</td><td>季末盘点（原材料）</td><td></td><td></td><td></td><td></td><td></td><td></td><td></td><td></td></tr>
</table>

注：采购总监只填写此表的 1、4、5、8、13 流程，黄色覆盖部分不用填写！记录材料库存的数量，流程口诀：四增五订八减，即流程 4 材料入库增加“+”，流程 8 材料出库减少“–”，流程 5 预订材料，使用（　），不计入数量增减。

第（　　）组　采购总监　运行记录表（以材料数量“个”为单位）　第（　　）年

年初	操作名称	手工记录							
	年初现金								
	广告投放								
	支付所得税								
	任务清单	一季度		二季度		三季度		四季度	
		R1	R2	R1	R2	R1	R2	R1	R2
1	季初盘点（原材料）								
2	更新贷款 / 还本付息								
3	申请短期贷款								
4	采购原材料并入库“+”（按上季度订单采购）	+	+	+	+	+	+	+	+
5	下原材料订单（供下季度生产用）	（　）	（　）	（　）	（　）	（　）	（　）	（　）	（　）
6	更新生产 / 完工入库数量								
7	新建 / 变卖生产线								
8	开始下一批生产（原材料出库）“–”	–	–	–	–	–	–	–	–
9	更新应收款 / 应收款收现								
10	按订单交货								
11	产品研发投资								
12	支付行政管理费								
13	季末盘点（原材料）								

注：采购总监只填写此表的 1、4、5、8、13 流程，黄色覆盖部分不用填写！记录材料库存的数量，流程口诀：四增五订八减，即流程 4 材料入库增加“+”，流程 8 材料出库减少“–”，流程 5 预订材料，使用（　），不计入数量增减。

第（　）组　采购总监　运行记录表（以材料数量“个”为单位）　第（　）年

年初	操作名称	手工记录							
	年初现金								
	广告投放								
	支付所得税								
	任务清单	一季度		二季度		三季度		四季度	
		R1	R2	R1	R2	R1	R2	R1	R2
1	季初盘点（原材料）								
2	更新贷款 / 还本付息								
3	申请短期贷款								
4	采购原材料并入库“+”（按上季度订单采购）	+	+	+	+	+	+	+	+
5	下原材料订单（供下季度生产用）	（　）	（　）	（　）	（　）	（　）	（　）	（　）	（　）
6	更新生产 / 完工入库数量								
7	新建 / 变卖生产线								
8	开始下一批生产（原材料出库）“–”	–	–	–	–	–	–	–	–
9	更新应收款 / 应收款收现								
10	按订单交货								
11	产品研发投资								
12	支付行政管理费								
13	季末盘点（原材料）								

注：采购总监只填写此表的1、4、5、8、13流程，黄色覆盖部分不用填写！记录材料库存的数量，流程口诀：四增五订八减，即流程4材料入库增加“+”，流程8材料出库减少“–”，流程5预订材料，使用（　），不计入数量增减。

__________公司生产总监

岗位工作手册

工作照粘贴处

姓名：__________

职位：__________

组号：__________

班级 __________

组号 __________

姓名 __________

学号 __________

日期 __________

工作口诀：以销定产、扩线计能！

注：生产总监填写运行记录表1、6、7、8、13流程，记录生产线上产品（在制品）的数量，流程口诀：六减八增，以个为单位记录数量。

生产总监须知

1. 厂房

（1）厂房在组建企业当年购置完成，价值为 20 万元；

（2）在使用期间不提折旧，不允许卖出；

（3）厂房内最多可安装 10 条生产线。

摆盘演示：购买价值 20 万元的厂房，并于第一季度安装了 2 条手工生产线。

2. 生产线

生产线价格及使用规则

生产线	购买价	安装周期	生产周期	折旧	残值	维修费
手工生产线 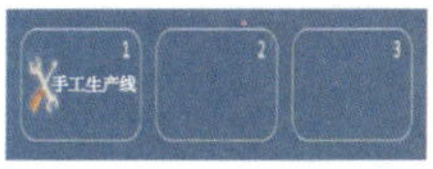	5 万元	0 季度（Q）	3 季度（Q）	1 万元 / 年	2 万元	1 万元 / 年
全自动生产线 	12 万元	1 季度（Q）	1 季度（Q）	2 万元 / 年	4 万元	1 万元 / 年

（1）生产线只能购买，不能公司间转让；

（2）购买生产线必须一次性支付所有费用，手工生产线支付设备款后就可以开始使用，全自动生产线要等到下一季生产线到位才可开始生产。

分岗摆盘 1：第二季度购买 1 条全自动生产线，将图中左边的生产线连线到沙盘盘面相应位置上。

摆盘填空 1：观察下图，请将图 A 或图 B 放到箭头所示位置，第二季度安装 1 条全自动生产线，应如图（　　）摆放；第三季度安装完毕，应该如图（　　）摆放，说明原因。

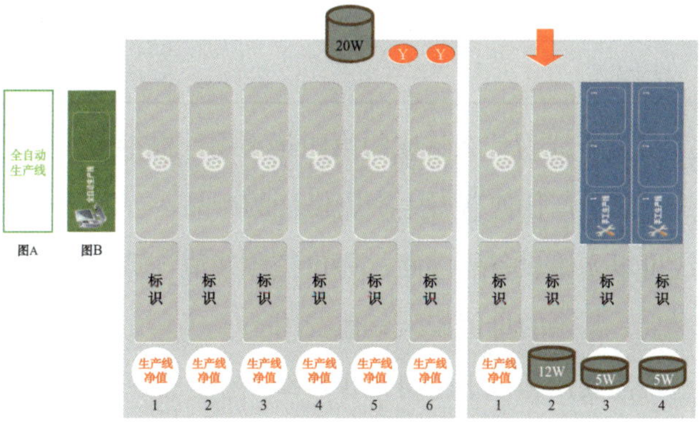

厂房（可容纳 10 条生产线）

（3）生产线上的格子代表生产周期，每条生产线上最多只能有一个在制品。

摆盘辨别 1：三条生产线上的在制品，其中错误的摆盘是第几条？说明原因。

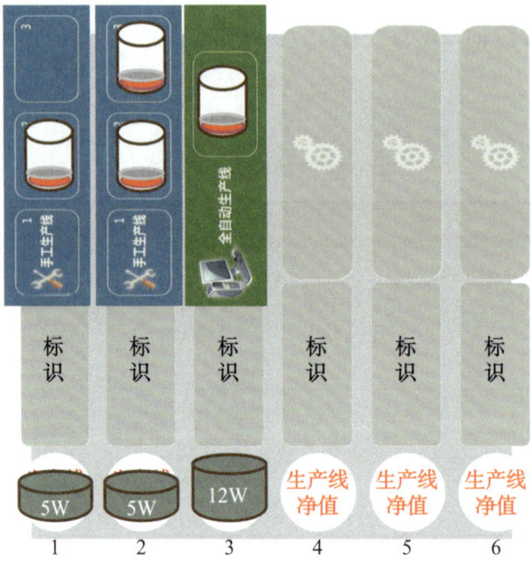

生产线上的在制品摆盘

（4）生产线的折旧从建成的第一年开始提取，即每年年底在生产线的净值处提取折旧，当生产线价值处的价值等于残值时，该生产线不计提折旧。已经折旧完成的生产线，仍然可以使用。

生产线计提折旧规则

生产线	建成第一年	建成第二年	建成第三年	建成第四年	残值
手工生产线	1 万元	1 万元	1 万元	0 万元	2 万元
全自动生产线	2 万元	2 万元	2 万元	2 万元	4 万元

思考 1：手工生产线为什么建成的第四年不用计提折旧？

（5）生产线可以生产任何获得生产资格证的产品。

（6）生产线可以卖给设备供应商，售价按照残值计算，即从生产线价值处取出残值，放入现金，其余的价值放入其他费用。

摆盘演示：现需要出售以下全自动生产线 1 条，盘面如下，请从生产线净值处取出相应的钱币，并进行重新摆盘，如图所示：

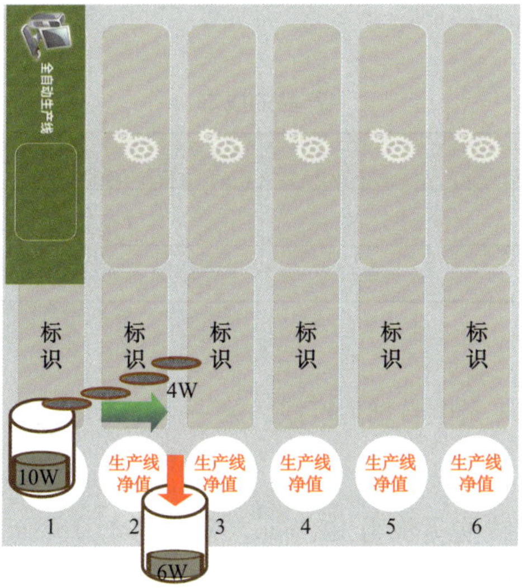

全自动生产线（净值 10 万元）

摆盘填空 2：

（1）从生产线净值（　　）万元现金处取出残值（　　）万元，放入现金栏；

（2）将剩下的（　　）万元现金放入费用其他栏。

3. 产品研发

P1 产品公司已经研发，P2 产品需要自行决定是否需要研发。具体开发时间和经费如下表：

产品的研发时间及费用

产品	研发时间		研发投资	资格证费用	研发总额
P1	1 季度（Q）		1 万元 / 季度（Q）	0 万元	1 万元
P2	2 季度（Q）	研发第一季度	2 万元 / 季度（Q）	0 万元	5 万元
		研发第二季度	2 万元 / 季度（Q）	1 万元	

（1）研发投入分期进行，每季度进行一次；

（2）研发中可以随时中断和延续，不允许超前或集中投入；

（3）投资不能回收；

（4）研发完成之后，必须另外缴纳 1 万元，用于申请生产资格证；

（5）只有获得生产资格证后，才允许开工（上线）生产；

（6）生产资格证不允许转让。

4. 生产产品

产品的成本

产品	原材料	加工费	直接成本
P1	R1	1 万元	2 万元
P2	R1 + R2	1 万元	3 万元

计算填空 1：

（1）第一年购买 1 条全自动生产线，第一年年末计提折旧后，“生产线净值”盘面还有（　　）万元；

（2）全自动生产线购买价为 12 万元，残值为 4 万元，需要计提折旧总额为（　　）万元，需要计提（　　）年。

画图技能 1： 一条手工生产线一年的产能是（　　）个产品，一条全自动生产线一年的产能是（　　）个产品。

生产线	第一季度	第二季度
手工生产线	购入并生产：	生产：
全自动生产线	购入并安装：	生产：
生产线	**第三季度**	**第四季度**
手工生产线	生产：	下线： 生产：
全自动生产线	下线： 生产：	下线： 生产：

解析：

<table>
<tr><th>生产线</th><th>第一季度</th><th>第二季度</th></tr>
<tr><td>手工生产线</td><td>购入并生产：

</td><td>生产：
</td></tr>
<tr><td>全自动生产线</td><td>购入并安装：全自动生产线</td><td>生产：
</td></tr>
<tr><th>生产线</th><th>第三季度</th><th>第四季度</th></tr>
<tr><td>手工生产线</td><td>生产：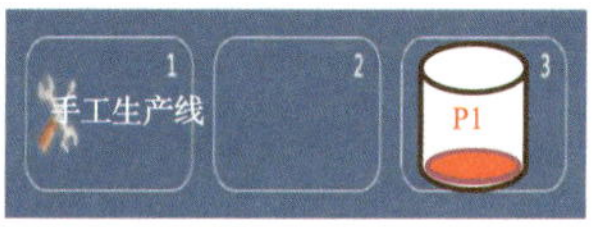
</td><td>下线：

生产：
</td></tr>
<tr><td>全自动生产线</td><td>下线：

生产：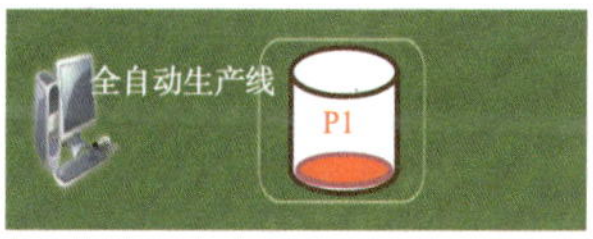
</td><td>下线：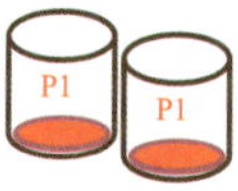

生产：
</td></tr>
</table>

拓练导学

岗位：生产总监

练习一：选择题

（1）第一年第一季度购买 3 条手工生产线，年末计提的折旧费是（　　）万元。

A. 0　　B. 3　　C. 6　　D. 8

（2）第一年第四季度购买 3 条全自动生产线，年末计提的折旧费是（　　）万元。

A. 0　　B. 3　　C. 6　　D. 9

（3）生产 2 个 P1、2 个 P2 产品的直接成本分别为（　）万元、（　）万元。

A. 2　4　　B. 4　4　　C. 4　6　　D. 6　6

（4）假如第二年第一季度研发 P2 产品生产资格，最快（　　）可以生产 P2 产品。

A. 第一季度　　B. 第二季度　　C. 第三季度　　D. 第四季度

学练导评

日期：________________

岗位：________________

星级评分表

您的星星总数 ______ 颗，岗位星级：______

项目	评分项目	评分
分岗摆盘 1	将图中左边的生产线连线到沙盘盘面相应位置上	☆☆☆☆☆
摆盘填空 1	将图 A 或图 B 放到箭头所示位置	☆☆☆☆☆
摆盘辨别 1	三条生产线上的在制品，其中错误的摆盘是第几条？说明原因。	☆☆☆☆☆
思考 1	手工生产线为什么建成的第四年不用计提折旧？	☆☆☆☆☆
摆盘填空 2	（1）从生产线净值（　　）万元现金处取出残值（　　）万元，放入现金栏；	☆☆☆☆☆
	（2）将剩下的（　　）万元现金放入费用其他栏。	☆☆☆☆☆
计算填空 1	1. 第一年购买 1 条全自动生产线，第一年年末计提折旧后，“生产线净值”盘面还有（　　）万元；	☆☆☆☆☆
	2. 全自动生产线购买价为 12 万元，残值为 4 万元，需要计提折旧总额为（　　）万元，需要计提（　　）年。	☆☆☆☆☆
画图技能 1	1. 一条手工生产线一年的产能是（　　）个产品。	☆☆☆☆☆
	2. 一条全自动生产线的一年的产能是（　　）个产品。	☆☆☆☆☆

运行记录表
年初
任务1：参加订货会
任务2：制定新年度计划
任务3：支付应付税
年中(四个季度)
任务1：季初盘点(生产总监)
流程1：季初在制品数量盘点
流程2：更新贷款/还本付息
支付利息(5%财务费用)
流程3：申请贷款
短期借款(期限：4个季度)
任务2：采购(采购总监/财务总监)
流程4：采购订购的原材料
R1/R2采购价1万元
流程5：下材料订单
R1/R2提前1个季度预订
任务3：生产(生产总监/采购总监/市场总监/财务总监)
流程6：更新生产/完工入库
生产线上的产品下线，在制品减少-
流程7：变卖/购买生产线/生产线到位
手工生产线
无安装周期、生产周期3个季度
全自动生产线
1个季度安装周期、生产周期1个季度
流程8：开始下一批生产
产品上线生产，线上产品增加+
任务4 :销售(市场总监/财务总监)
流程9：更新应收款/应收款收现
应收款贴现(10%财务费用)
流程10：按订单交货
违约(40% 其他费用)
任务5：季末(财务总监)
流程11：产品研发
P1、 P2产品研发费分别为1万元、 5万元
流程12 ：支付行政管理费
1万元/季
流程13：季末现金对账
年末
任务1：支付设备维修费
任务2：计提折旧
任务3：新市场开拓
任务4：结账

生产总监运行流程图

第（　　）组　生产总监　运行记录表（以在制品数量“个”为单位）　第（　　）年

年初	操作名称	手工记录							
	年初现金								
	广告投放								
	支付所得税								
	任务清单	一季度		二季度		三季度		四季度	
		R1	R2	R1	R2	R1	R2	R1	R2
1	季初盘点（原材料）								
2	更新贷款 / 还本付息								
3	申请短期贷款								
4	采购原材料并入库								
5	下原材料订单								
6	更新生产 / 完工入库数量	–	–	–	–	–	–	–	–
7	新建 / 变卖生产线								
8	开始下一批生产（原材料出库）“–”	+	+	+	+	+	+	+	+
9	更新应收款 / 应收款收现								
10	按订单交货								
11	产品研发投资								
12	支付管理费								
13	季末数额对账								

注：生产总监只填写此表的1、6、7、8、13流程，黄色覆盖部分不用填写！记录生产线上的产品（在制品）的数量，流程口诀：六减八增，即流程6记录产品下线减少“–”，流程8上线生产产品增加“+”。

第（　　）组　生产总监　运行记录表（以在制品数量“个”为单位）　第（　　）年

年初	操作名称	手工记录							
	年初现金								
	广告投放								
	支付所得税								
	任务清单	一季度		二季度		三季度		四季度	
		R1	R2	R1	R2	R1	R2	R1	R2
1	季初盘点（原材料）								
2	更新贷款 / 还本付息								
3	申请短期贷款								
4	采购原材料并入库								
5	下原材料订单								
6	更新生产 / 完工入库数量	–	–	–	–	–	–	–	–
7	新建 / 变卖生产线								
8	开始下一批生产（原材料出库）“–”	+	+	+	+	+	+	+	+
9	更新应收款 / 应收款收现								
10	按订单交货								
11	产品研发投资								
12	支付管理费								
13	季末数额对账								

注：生产总监只填写此表的 1、6、7、8、13 流程，黄色覆盖部分不用填写！记录生产线上的产品（在制品）的数量，流程口诀：六减八增，即流程 6 记录产品下线减少“–”，流程 8 上线生产产品增加“+”。

第（　　）组　生产总监　运行记录表（以在制品数量“个”为单位）　第（　　）年

	操作名称	手工记录							
年初	年初现金								
	广告投放								
	支付所得税								
	任务清单	一季度		二季度		三季度		四季度	
		R1	R2	R1	R2	R1	R2	R1	R2
1	季初盘点（原材料）								
2	更新贷款／还本付息								
3	申请短期贷款								
4	采购原材料并入库								
5	下原材料订单								
6	更新生产／完工入库数量	–	–	–	–	–	–	–	–
7	新建／变卖生产线								
8	开始下一批生产（原材料出库）“–”	+	+	+	+	+	+	+	+
9	更新应收款／应收款收现								
10	按订单交货								
11	产品研发投资								
12	支付管理费								
13	季末数额对账								

注：生产总监只填写此表的 1、6、7、8、13 流程，黄色覆盖部分不用填写！记录生产线上的产品（在制品）的数量，流程口诀：六减八增，即流程 6 记录产品下线减少“–”，流程 8 上线生产产品增加“+”。

第（　　）组　生产总监　运行记录表（以在制品数量“个”为单位）　第（　　）年

年初	操作名称	手工记录							
	年初现金								
	广告投放								
	支付所得税								
	任务清单	一季度		二季度		三季度		四季度	
		R1	R2	R1	R2	R1	R2	R1	R2
1	季初盘点（原材料）								
2	更新贷款／还本付息								
3	申请短期贷款								
4	采购原材料并入库								
5	下原材料订单								
6	更新生产／完工入库数量	–	–	–	–	–	–	–	–
7	新建／变卖生产线								
8	开始下一批生产（原材料出库）“–”	+	+	+	+	+	+	+	+
9	更新应收款／应收款收现								
10	按订单交货								
11	产品研发投资								
12	支付管理费								
13	季末数额对账								

注：生产总监只填写此表的 1、6、7、8、13 流程，黄色覆盖部分不用填写！记录生产线上的产品（在制品）的数量，流程口诀：六减八增，即流程 6 记录产品下线减少“–”，流程 8 上线生产产品增加“+”。

第（　　）组　生产总监　运行记录表（以在制品数量“个”为单位）　第（　　）年

	操作名称	手工记录							
年初	年初现金								
	广告投放								
	支付所得税								
	任务清单	一季度		二季度		三季度		四季度	
		R1	R2	R1	R2	R1	R2	R1	R2
1	季初盘点（原材料）								
2	更新贷款 / 还本付息								
3	申请短期贷款								
4	采购原材料并入库								
5	下原材料订单								
6	更新生产 / 完工入库数量	–	–	–	–	–	–	–	–
7	新建 / 变卖生产线								
8	开始下一批生产（原材料出库）“–”	+	+	+	+	+	+	+	+
9	更新应收款 / 应收款收现								
10	按订单交货								
11	产品研发投资								
12	支付管理费								
13	季末数额对账								

注：生产总监只填写此表的 1、6、7、8、13 流程，黄色覆盖部分不用填写！记录生产线上的产品（在制品）的数量，流程口诀：六减八增，即流程 6 记录产品下线减少“–”，流程 8 上线生产产品增加“+”。

第（　　）组　生产总监　运行记录表（以在制品数量“个”为单位）　第（　　）年

	操作名称	手工记录							
年初	年初现金								
	广告投放								
	支付所得税								
	任务清单	一季度		二季度		三季度		四季度	
		R1	R2	R1	R2	R1	R2	R1	R2
1	季初盘点（原材料）								
2	更新贷款／还本付息								
3	申请短期贷款								
4	采购原材料并入库								
5	下原材料订单								
6	更新生产／完工入库数量	–	–	–	–	–	–	–	–
7	新建／变卖生产线								
8	开始下一批生产（原材料出库）“–”	+	+	+	+	+	+	+	+
9	更新应收款／应收款收现								
10	按订单交货								
11	产品研发投资								
12	支付管理费								
13	季末数额对账								

注：生产总监只填写此表的1、6、7、8、13流程，黄色覆盖部分不用填写！记录生产线上的产品（在制品）的数量，流程口诀：六减八增，即流程6记录产品下线减少“–”，流程8上线生产产品增加“+”。

____________公司市场总监

岗位工作手册

工作照粘贴处

姓名：____________

职位：____________

组号：____________

班级____________

组号____________

姓名____________

学号____________

日期____________

工作口诀：分析市场、抢占先机！

注：市场总监填写1、6、10、13运行记录表流程，记录产品库存的数量，以个为单位。流程口诀：六增十减，即流程6记录产品入库，增加“+”，流程10记录产品出库，减少“-”。

市场总监须知

1. 市场准入

企业的生存和发展离不开市场，市场开拓完成并取得市场准入证后，企业才能在该市场进行产品销售，争取市场份额。

市场是企业进行产品销售的地点和场所，按地区分类，可分为本地市场、区域市场等。进入某个市场之前，企业要做好充分的准备，进行市场调研、广告宣传等工作，这些工作都要消耗一定的资金和时间，获得市场准入的资格，每年年末投入开发费用，各公司可在下列市场中选择开发（表 1）。

表 1　市场开拓费用及时间

市场	开发费用	开发规则	开发时间
本地	1 万元	1 万元 / 年	1 年
区域	1 万元	1 万元 / 年	1 年
国际	2 万元	1 万元 / 年	2 年

说明：1. 市场开拓，只能在每年第四季度操作。
2. 市场开拓可中断或延后，但不允许加速投资。

2. 参加订货会

每年年初，各市场总监与客户见面，并召开销售会议，参加订货会，每家企业将拿到本年市场上的订单明细表，根据本年市场的订单情况及产能决定营销决策及投放广告的金额。

各企业的市场总监进行广告投放，企业依次轮流选单，企业根据自己产能的多少决定选单的数量。

在不同市场投入 1 万元，有一次选单机会；在同一市场再多投入 2 万元，增加一次选单机会，即原则上，同一个市场，1 万元，1 张订单；3 万元，2 张订单；5 万元，3 张订单；依此类推。

规则填表 1：（1）根据订单规则，填写表 2 中 P1 产品本地市场订单数量；（2）根据订单规则，填写表 2 中 P1 产品区域市场订单数量。

表 2　P1 产品广告投放与订单数量

产品	市场	广告投放	订单数量	市场	广告投放	订单数量
P1	本地市场	1 万元	1 张	区域市场	1 万元	1 张
		2 万元	（　　）张		2 万元	1 张
		3 万元	2 张		3 万元	（　　）张
		4 万元	2 张		4 万元	2 张
		5 万元	3 张		5 万元	（　　）张

续表

产品	市场	广告投放	订单数量	市场	广告投放	订单数量
P1	本地市场	6 万元	（ ）张	区域市场	6 万元	（ ）张
		7 万元	（ ）张		7 万元	（ ）张

说明：根据市场地位、产品广告投入、市场广告投入、市场需求以及竞争态势，按顺序选择订单；销售订单按市场、按产品投放顺序，根据以下原则排定：

1. 以当年本市场本产品广告额投放大小顺序依次选单。
2. 如果两组或两组以上在本市场本产品广告额相同，则按广告费投入总量排名。
3. 如果广告费投入总量也一样，则按公司当年的利润留存金额进行排名。
4. 如仍相同，先投广告者先选单。

3. 填写订单登记表

各企业的市场总监根据订单，填写订单明细表。如：某年本地市场订单明细表（表 3），该企业在本地市场的 P1 产品上投放广告费 1 万元，获得 1 张订单（LP1–02），在本地市场的 P2 产品上投放广告费 3 万元，获得 2 张订单（LP2–04、LP2–06）。

规则填表 2：（1）填写表 4 的 P1 取单记录；（2）填写表 4 的 P2 取单记录。

表 3 本地市场订单明细表

P1					P2				
数量	价格	收入	账期	编号	数量	价格	收入	账期	编号
5	5	25		LP1–01	4	6	24		LP2–01
4	5	20		LP1–02	2	6.5	13		LP2–02
2	5	10		LP1–03	1	7	7		LP2–03
6	5	30		LP1–04	2	6.8	13		LP2–04
4	5	20		LP1–05	4	7.2	28		LP2–05
3	5	15		LP1–06	3	7.5	22		LP2–06
2	5	10		LP1–07					
1	5	5		LP1–08					
3	5	15		LP1–09					
4	5.2	21	3Q	LP1–10					
7	5	35		LP1–11					
5	5.1	26	2Q	LP1–12					

表 4 广告投放及订单登记表

第（ ）组　　　　　　　　　　　　　　　　　　第（ ）年

P1 广告投放					编号	LP1–02				合计
本地	区域	国内	国际	P1 取单记录	销售收入	（ ）				
1 万元	0 万元	0 万元	0 万元		直接成本	（ ）				
P2 广告投放					**编号**	**LP2–04**	**LP2–06**			**合计**
本地	区域	国内	国际	P2 取单记录	销售收入	（ ）	（ ）			
3 万元	0 万元	0 万元	0 万元		直接成本	（ ）	（ ）			

注：直接成本 = 单位成本 × 数量，P1 直接成本 =2× 数量，P2 直接成本 =3× 数量。

4. 订单违约

所有订单要求在本年度内完成（按订单上的产品数量和交货期交货）。如果订单没有完成，则视为违约订单，按下列条款加以处罚：

分别按违约订单销售总额的 40%（四舍五入）折算违约金，并在当年第四季度结束后扣除，违约金计入“综合费用——其他”，违约订单一律收回。

拓练导学

岗位：市场总监

练习一：单选题

1. 企业已拥有本地市场、P1 生产资格证，准备在本地 P1 市场上抢 3 张订单，则需要投放的最低广告费为（　　）万元。

A. 3　　B. 4　　C. 5　　D. 6

2. 企业已拥有本地市场，P1、P2 生产资格证，准备在本地 P1、P2 市场上分别抢到 1 张订单，则需要在本地 P1、P2 市场投放的最低广告费分别是（　　）万元。

A. 1　1　　B. 2　2　　C. 3　3　　D. 4　4

3. 开发国际市场，需要的总费用为（　　）万元。

A. 1　　B. 2　　C. 3　　D. 5

练习二：多选题

1. 关于产品 P1 广告投放，正确的描述是（　　）。

A. 在本地市场投放广告 2 万元，可以拿到 1 张订单

B. 在本地市场投放广告 2 万元，可以拿到 2 张订单

C. 在本地市场投放广告 3 万元，可以拿到 2 张订单

D. 在本地市场、区域市场各投放广告 1 万元，可以拿到 2 张订单

2. 关于投放产品广告，正确的描述是（　　）。

A. 在本地 P1 市场投放广告 1 万元，可以拿到 1 张 P1 的订单

B. 在本地 P1 市场投放广告 3 万元，可以拿到 2 张 P1 的订单

C. 分别在本地 P1 市场、本地 P2 市场各投放广告 1 万元，可以拿到 1 张 P1 订单、2 张 P2 订单

D. 分别在本地 P1 市场、本地 P2 市场各投放广告 3 万元，可以拿到 2 张 P1 订单、2 张 P2 订单

练习三：排序题

1. 广告抢单的先后进行顺序为（　　）（　　）（　　）（　　）。

A. 投放广告时间最早

C. 广告费总额

D. 本市场本产品广告额最大

B. 当年的利润留存

学练导评

日期：________________　　　　岗位：________________

星级评分表

您的星星总数 ______ 颗，岗位星级：______

项目		评分项目	评分
规则填表 1		（1）根据订单规则，填写表 2 中 P1 产品本地市场订单数量；	☆☆☆☆☆
		（2）根据订单规则，填写表 2 中 P1 产品区域市场订单数量。	☆☆☆☆☆
规则填表 2		（1）填写表 4 的 P1 取单记录；	☆☆☆☆☆
		（2）填写表 4 的 P2 取单记录。	☆☆☆☆☆
拓练导学	练习一：单选题	1.	☆☆☆☆☆
		2.	☆☆☆☆☆
		3.	☆☆☆☆☆
	练习二：多选题	1.	☆☆☆☆☆
		2.	☆☆☆☆☆
	练习三：排序题	1.	☆☆☆☆☆

运行记录表
年初
任务1：参加订货会
任务2：制定新年度计划
任务3：支付应付税
年中(四个季度)
任务1：季初盘点(市场总监)
流程1：季初产品数量盘点
流程2：更新贷款/还本付息
支付利息(5%财务费用)
流程3：申请贷款
短期借款(期限：4个季度)
任务2：采购(采购总监/财务总监)
流程4：采购订购的原材料
R1/R2采购价1万元
流程5：下材料订单
R1/R2提前1个季度预订
任务3：生产(生产总监/采购总监/市场总监/财务总监)
流程6：更新生产/完工入库
产品库存增加+
流程7：变卖/购买生产线/生产线到位
手工生产线
无安装周期、生产周期3个季度
全自动生产线
1个季度安装周期、生产周期1个季度
流程8：开始下一批生产
任务4 :销售(市场总监/财务总监)
流程9：更新应收款/应收款收现
应收款贴现(10%财务费用)
流程10：按订单交货
产品库存减少-
违约(40% 其他费用)
任务5：季末(财务总监)
流程11：产品研发
P1、 P2产品研发费分别为1万元、 5万元
流程12 ：支付行政管理费
1万元/季
流程13：季末现金对账
年末
任务1：支付设备维修费
任务2：计提折旧
任务3：新市场开拓
任务4：结账

市场总监运行流程图

（　　　）组广告登记表　　　　以“万元”为单位

	本地		区域		（　）		（　）		广告合计
	P1	P2	P1	P2	P1	P2	P1	P2	
教学年	3	0							3
第一年									
第二年									
第三年									
第四年									
第五年									
第六年									

订单登记表

第（　　　）组　　　　　　　　　　　　　　　　　　　　　　第（　　　）年

P1 订单

序号	订单号	数量	账期	销售收入	直接成本	毛利	交单季度
1							
2							
3							
4							
5							
6							
7							
8							
合计							

P2 订单

序号	订单号	数量	账期	销售收入	直接成本	毛利	交单季度
1							
2							
3							
4							
5							
6							
7							
8							
合计							

注：1. 直接成本＝单位成本 × 数量，P1 直接成本＝2× 数量，P2 直接成本＝3× 数量。
　　2. 毛利＝销售收入－直接成本。

第（　　）组　市场总监　运行记录表（以产品数量“个”为单位）　第（　　）年

年初	操作名称	手工记录							
	年初现金								
	广告投放								
	支付所得税								
	任务清单	一季度		二季度		三季度		四季度	
		P1	P2	P1	P2	P1	P2	P1	P2
1	季初盘点（原材料）								
2	更新贷款 / 还本付息								
3	申请短期贷款								
4	采购原材料并入库								
5	下原材料订单								
6	更新生产 / 完工入库数量	+	+	+	+	+	+	+	+
7	新建 / 变卖生产线								
8	开始下一批生产								
9	更新应收款 / 应收款收现								
10	按订单交货	–	–	–	–	–	–	–	–
11	产品研发投资								
12	支付管理费								
13	季末数额对账								

注：1. 市场总监只填写此表的 1、6、10、13 流程，黄色覆盖部分不用填写！记录产品库存的数量，流程口诀：六增十减，即流程 6 记录产品入库，增加“+”，流程 10 记录产品出库，减少“–”。

2. 本季度季初数 = 上季度季末数。

订单登记表

第（　　）组　　　　　　　　　　　　　　第（　　）年

P1 订单

序号	订单号	数量	账期	销售收入	直接成本	毛利	交单季度
1							
2							
3							
4							
5							
6							
7							
8							
合计							

P2 订单

序号	订单号	数量	账期	销售收入	直接成本	毛利	交单季度
1							
2							
3							
4							
5							
6							
7							
8							
合计							

注：1. 直接成本 = 单位成本 × 数量，P1 直接成本 = 2 × 数量，P2 直接成本 = 3 × 数量。
　　2. 毛利 = 销售收入 − 直接成本。

第（　　）组　市场总监　运行记录表（以产品数量“个”为单位）　第（　　）年

年初	操作名称	手工记录							
	年初现金								
	广告投放								
	支付所得税								
	任务清单	一季度		二季度		三季度		四季度	
		P1	P2	P1	P2	P1	P2	P1	P2
1	季初盘点（原材料）								
2	更新贷款/还本付息								
3	申请短期贷款								
4	采购原材料并入库								
5	下原材料订单								
6	更新生产/完工入库数量	+	+	+	+	+	+	+	+
7	新建/变卖生产线								
8	开始下一批生产								
9	更新应收款/应收款收现								
10	按订单交货	–	–	–	–	–	–	–	–
11	产品研发投资								
12	支付管理费								
13	季末数额对账								

注：1. 市场总监只填写此表的 1、6、10、13 流程，黄色覆盖部分不用填写！记录产品库存的数量，流程口诀：六增十减，即流程 6 记录产品入库，增加“+”，流程 10 记录产品出库，减少“–”。

2. 本季度季初数 = 上季度季末数。

订单登记表

第（　　　）组　　　　　　　　　　　　　　　　　　　　第（　　　）年

P1 订单

序号	订单号	数量	账期	销售收入	直接成本	毛利	交单季度
1							
2							
3							
4							
5							
6							
7							
8							
合计							

P2 订单

序号	订单号	数量	账期	销售收入	直接成本	毛利	交单季度
1							
2							
3							
4							
5							
6							
7							
8							
合计							

注：1. 直接成本 = 单位成本 × 数量，P1 直接成本 = 2× 数量，P2 直接成本 = 3× 数量。
　　2. 毛利 = 销售收入 − 直接成本。

第（　　）组　市场总监　运行记录表（以产品数量“个”为单位）　第（　　）年

	操作名称	手工记录							
年初	年初现金								
	广告投放								
	支付所得税								
	任务清单	一季度		二季度		三季度		四季度	
		P1	P2	P1	P2	P1	P2	P1	P2
1	季初盘点（原材料）								
2	更新贷款 / 还本付息								
3	申请短期贷款								
4	采购原材料并入库								
5	下原材料订单								
6	更新生产 / 完工入库数量	+	+	+	+	+	+	+	+
7	新建 / 变卖生产线								
8	开始下一批生产								
9	更新应收款 / 应收款收现								
10	按订单交货	–	–	–	–	–	–	–	–
11	产品研发投资								
12	支付管理费								
13	季末数额对账								

注：1. 市场总监只填写此表的 1、6、10、13 流程，黄色覆盖部分不用填写！记录产品库存的数量，流程口诀：六增十减，即流程 6 记录产品入库，增加“+”，流程 10 记录产品出库，减少“–”。

2. 本季度季初数 = 上季度季末数。

订单登记表

第（　　）组　　　　　　　　　　　　　　　　　　　　　　　　　　第（　　）年

P1 订单

序号	订单号	数量	账期	销售收入	直接成本	毛利	交单季度
1							
2							
3							
4							
5							
6							
7							
8							
合计							

P2 订单

序号	订单号	数量	账期	销售收入	直接成本	毛利	交单季度
1							
2							
3							
4							
5							
6							
7							
8							
合计							

注：1. 直接成本 = 单位成本 × 数量，P1 直接成本 = 2 × 数量，P2 直接成本 = 3 × 数量。
2. 毛利 = 销售收入 − 直接成本。

第（　　）组　市场总监　运行记录表（以产品数量“个”为单位）　第（　　）年

年初	操作名称	手工记录							
	年初现金								
	广告投放								
	支付所得税								
	任务清单	一季度		二季度		三季度		四季度	
		P1	P2	P1	P2	P1	P2	P1	P2
1	季初盘点（原材料）								
2	更新贷款 / 还本付息								
3	申请短期贷款								
4	采购原材料并入库								
5	下原材料订单								
6	更新生产 / 完工入库数量	+	+	+	+	+	+	+	+
7	新建 / 变卖生产线								
8	开始下一批生产								
9	更新应收款 / 应收款收现								
10	按订单交货	–	–	–	–	–	–	–	–
11	产品研发投资								
12	支付管理费								
13	季末数额对账								

注：1. 市场总监只填写此表的 1、6、10、13 流程，黄色覆盖部分不用填写！记录产品库存的数量，流程口诀：六增十减，即流程 6 记录产品入库，增加“+”，流程 10 记录产品出库，减少“–”。

2. 本季度季初数 = 上季度季末数。

订单登记表

第（　　　）组　　　　　　　　　　　　　　　　　　　　第（　　　）年

P1 订单

序号	订单号	数量	账期	销售收入	直接成本	毛利	交单季度
1							
2							
3							
4							
5							
6							
7							
8							
合计							

P2 订单

序号	订单号	数量	账期	销售收入	直接成本	毛利	交单季度
1							
2							
3							
4							
5							
6							
7							
8							
合计							

注：1. 直接成本 = 单位成本 × 数量，P1 直接成本 = 2 × 数量，P2 直接成本 = 3 × 数量。
　　2. 毛利 = 销售收入 − 直接成本。

第（　　）组　市场总监　运行记录表（以产品数量“个”为单位）　第（　　）年

年初	操作名称	手工记录							
	年初现金								
	广告投放								
	支付所得税								
	任务清单	一季度		二季度		三季度		四季度	
		P1	P2	P1	P2	P1	P2	P1	P2
1	季初盘点（原材料）								
2	更新贷款 / 还本付息								
3	申请短期贷款								
4	采购原材料并入库								
5	下原材料订单								
6	更新生产 / 完工入库数量	+	+	+	+	+	+	+	+
7	新建 / 变卖生产线								
8	开始下一批生产								
9	更新应收款 / 应收款收现								
10	按订单交货	–	–	–	–	–	–	–	–
11	产品研发投资								
12	支付管理费								
13	季末数额对账								

注：1. 市场总监只填写此表的 1、6、10、13 流程，黄色覆盖部分不用填写！记录产品库存的数量，流程口诀：六增十减，即流程 6 记录产品入库，增加“+”，流程 10 记录产品出库，减少“–”。

2. 本季度季初数 = 上季度季末数。

订单登记表

第（　　）组　　　　　　　　　　　　　　　　　　第（　　）年

P1 订单

序号	订单号	数量	账期	销售收入	直接成本	毛利	交单季度
1							
2							
3							
4							
5							
6							
7							
8							
合计							

P2 订单

序号	订单号	数量	账期	销售收入	直接成本	毛利	交单季度
1							
2							
3							
4							
5							
6							
7							
8							
合计							

注：1. 直接成本 = 单位成本 × 数量，P1 直接成本 = 2 × 数量，P2 直接成本 = 3 × 数量。
　　2. 毛利 = 销售收入 − 直接成本。

第（　　）组　市场总监　运行记录表（以产品数量“个”为单位）　第（　　）年

年初	操作名称	手工记录							
	年初现金								
	广告投放								
	支付所得税								
	任务清单	一季度		二季度		三季度		四季度	
		P1	P2	P1	P2	P1	P2	P1	P2
1	季初盘点（原材料）								
2	更新贷款 / 还本付息								
3	申请短期贷款								
4	采购原材料并入库								
5	下原材料订单								
6	更新生产 / 完工入库数量	+	+	+	+	+	+	+	+
7	新建 / 变卖生产线								
8	开始下一批生产								
9	更新应收款 / 应收款收现								
10	按订单交货	–	–	–	–	–	–	–	–
11	产品研发投资								
12	支付管理费								
13	季末数额对账								

注：1. 市场总监只填写此表的 1、6、10、13 流程，黄色覆盖部分不用填写！记录产品库存的数量，流程口诀：六增十减，即流程 6 记录产品入库，增加“+”，流程 10 记录产品出库，减少“–”。

2. 本季度季初数 = 上季度季末数。

场景化模拟企业经营综合实训工作人员

工作手册

工作照粘贴处

部门：________________

姓名：________________

班级 ________________

组号 ________________

姓名 ________________

学号 ________________

日期 ________________

工作口诀：公平公正、任劳任怨！

注：1. 工作人员负责准备盘面的教具等；

2. 分为供应中心（原材料、生产线等）、银行（发放贷款等）、交单中心（产品资格证、市场准入证等）。

__________年

	组				组			
任务清单	一季度	二季度	三季度	四季度	一季度	二季度	三季度	四季度
还贷								
贷款								
购买原材料								
下原料订单								
生产线								
P2 生产资格								
区域市场								
国际市场								

________年

	组				组			
任务清单	一季度	二季度	三季度	四季度	一季度	二季度	三季度	四季度
还贷								
贷款								
购买原材料								
下原料订单								
生产线								
P2 生产资格								
区域市场								
国际市场								

______年

	组				组			
任务清单	一季度	二季度	三季度	四季度	一季度	二季度	三季度	四季度
还贷								
贷款								
购买原材料								
下原料订单								
生产线								
P2 生产资格								
区域市场								
国际市场								

________年

	组				组			
任务清单	一季度	二季度	三季度	四季度	一季度	二季度	三季度	四季度
还贷								
贷款								
购买原材料								
下原料订单								
生产线								
P2 生产资格								
区域市场								
国际市场								

________年

	组				组			
任务清单	一季度	二季度	三季度	四季度	一季度	二季度	三季度	四季度
还贷								
贷款								
购买原材料								
下原料订单								
生产线								
P2 生产资格								
区域市场								
国际市场								

________年

	组				组			
任务清单	一季度	二季度	三季度	四季度	一季度	二季度	三季度	四季度
还贷								
贷款								
购买原材料								
下原料订单								
生产线								
P2 生产资格								
区域市场								
国际市场								

________年

	组				组			
任务清单	一季度	二季度	三季度	四季度	一季度	二季度	三季度	四季度
还贷								
贷款								
购买原材料								
下原料订单								
生产线								
P2 生产资格								
区域市场								
国际市场								

______年

	组				组			
任务清单	一季度	二季度	三季度	四季度	一季度	二季度	三季度	四季度
还贷								
贷款								
购买原材料								
下原料订单								
生产线								
P2 生产资格								
区域市场								
国际市场								

________年

	组				组			
任务清单	一季度	二季度	三季度	四季度	一季度	二季度	三季度	四季度
还贷								
贷款								
购买原材料								
下原料订单								
生产线								
P2 生产资格								
区域市场								
国际市场								

______年

	组				组			
任务清单	一季度	二季度	三季度	四季度	一季度	二季度	三季度	四季度
还贷								
贷款								
购买原材料								
下原料订单								
生产线								
P2 生产资格								
区域市场								
国际市场								

______年

	组				组			
任务清单	一季度	二季度	三季度	四季度	一季度	二季度	三季度	四季度
还贷								
贷款								
购买原材料								
下原料订单								
生产线								
P2 生产资格								
区域市场								
国际市场								

＿＿＿＿＿年

	组				组			
任务清单	一季度	二季度	三季度	四季度	一季度	二季度	三季度	四季度
还贷								
贷款								
购买原材料								
下原料订单								
生产线								
P2 生产资格								
区域市场								
国际市场								

第三单元　任务表单

通过本单元，我们学会了：

1. 认知并熟练掌握运行记录表的 13 个主要流程；

2. 各岗位按工作流程顺序准确填写运行记录表；

3. 掌握各总监的采购、生产、销售互动记录的数据关系；

4. 能正确填写广告投放及订单登记表。

素养启示

生产型企业通过沙盘盘面推演运营，通过工作任务书实现岗位工作流程与工作技能的体验，更直观生动地呈现企业的经营状态与经营成果。

预学导知

☺ 任务 1：辨别各总监运行记录表记录的流程及数据内容

微课导学 3-2-1：认识运行记录表

描述并填写各总监运行记录表的主要流程（见课堂支架流程、数据内容）

岗位	运行记录表流程（填写流程编号）	数据内容（增加、减少或无）
采购总监	4. 采购订购的原材料并入库	增加
	5. 下材料订单	无
	8. 开始下一批生产	减少
生产总监		
市场总监		

课堂支架：

流程：

4. 采购原材料并入库　　5. 下原材料订单　　6. 更新生产 / 完工入库

7. 新建 / 变卖生产线　　8. 开始下一批生产　　10. 按订单交货

实战导练

一、购产销运行记录分步实操

（一）购买上一季度订购的原材料并入库

任务 1： 购买上一季度预订的 2R1

岗位填表：

1. 采购总监

（1）观察期初盘面并填写季初盘点原材料个数。

采购期初盘面

	任务清单	一季度	
		R1	R2
1	季初材料数量盘点（原材料）	______ 个	______ 个

（2）观察上图预订原材料，本期按预订原材料数进行采购，并填写原材料入库个数。

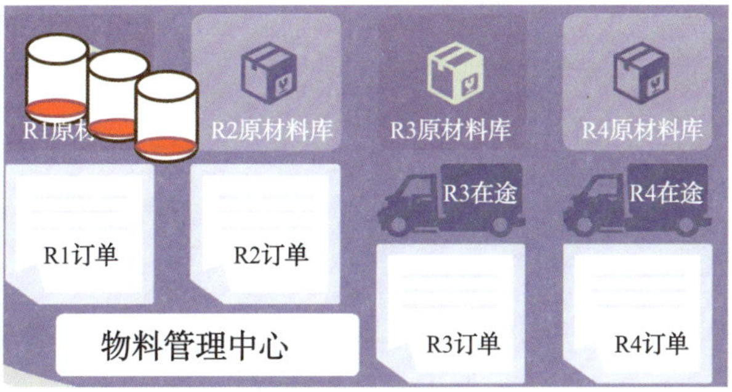

采购本期盘面

采购总监运行记录表

	任务清单	一季度	
		R1	R2
1	季初材料数量盘点（原材料）	1个	0个
4	采购订购的原材料并入库 （按上季度订单采购）	+______个	+______个

2. 财务总监

发生本期采购 2R1 材料，观察现金盘面的变化，并填写现金支付金额。

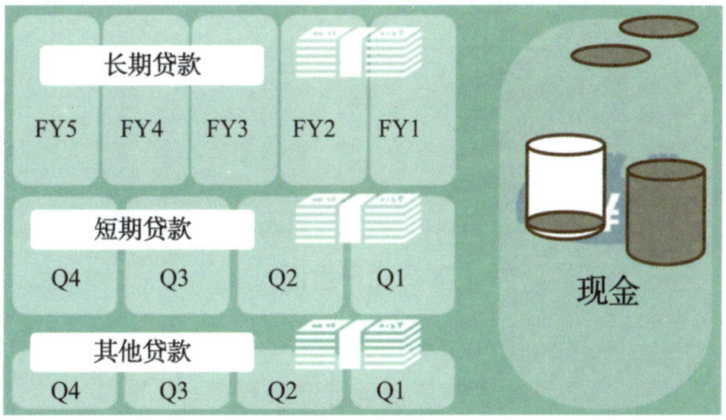

现金支出图

财务总监运行记录表

	任务清单	单位：万元
1	季初现金盘点（当前余额）	23
2	更新贷款 / 还本付息（先偿还才能再贷款）	0
3	申请贷款（每季度 20 万 /40 万元，全年不超 120 万元）	0
4	采购订购的原材料并入库 （按上季度订单采购）	–______

课堂支架：

完成流程 4 需要采购总监采购原材料入库，所以原材料库存增加，财务总监支出现金进行采购，财务总监现金减少。

（二）完工入库

任务 2： 完工 2 个 P1

推演填表：

1. 生产总监

观察期初生产盘面并填写生产线在制品期初个数；完成流程 6 完工下线盘面推演，使用红笔将在制品圈到指定位置，并填写表中流程 6。

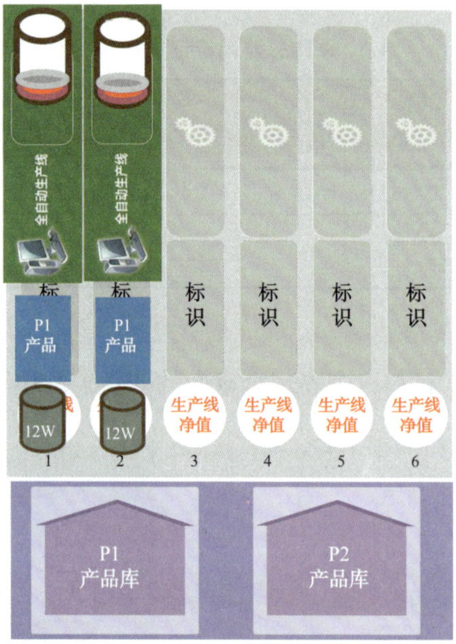

期初生产盘面

生产总监运行记录表

	任务清单	一季度	
		P1	P2
1	季初盘点（在制品）	________ 个	0 个
6	完工下线（减少）	−________ 个	−0 个

2. 市场总监

观察期初生产盘面并填写产品库的期初个数；完成流程 6 完工入库盘面推演，使用绿色笔将产品圈到指定位置，并填写表中流程 6。

市场总监运行记录表

	任务清单	一季度	
		P1	P2
1	季初盘点（产品）	0 个	0 个
6	完工入库（增加）	+______ 个	+0 个

课堂支架：流程 6 完工，对生产总监是产品下线，线上产品减少；对市场总监是产品入库，库存产品增加。

（三）开始下一批生产

任务 3：生产 2 个 P1

推演填表：

1. 采购总监

耗用（出库）原材料 2 个 R1，推盘并填表。

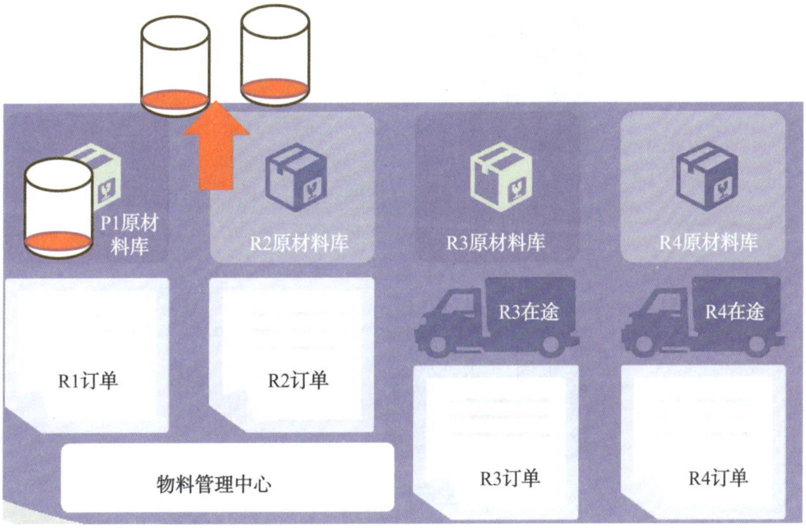

材料耗用图

采购总监运行记录表

	任务清单	一季度	
		R1	R2
1	季初盘点（原材料）	1 个	0 个
4	采购订购的原材料并入库		
5	下材料订单		
8	开始下一批生产		

2. 财务总监

生产 2 个 P1，每个产品支付 1 万元人工费，填写流程 8。

财务总监运行记录表

	任务清单	单位：万元
1	季初现金盘点（当前余额）	24
4	采购原材料	−2
7	变卖 / 购买生产线	0
8	开始下一批生产（每种产品支付 1 万元加工费）	

3. 生产总监

完成流程 8，即线上开始生产 2 个 P1，生产线上产品增加。

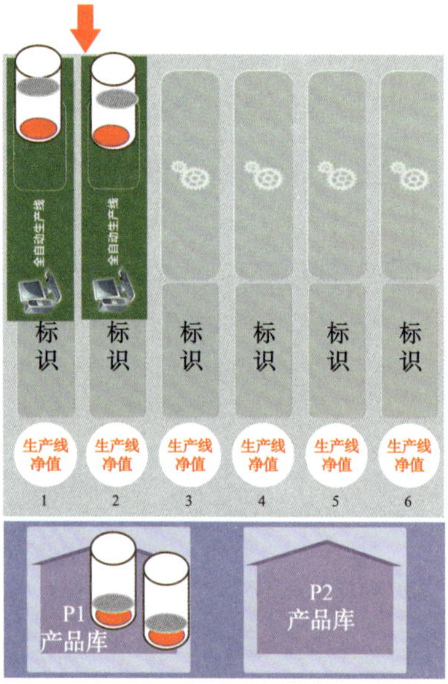

生产产品图

生产总监运行记录表

	任务清单	一季度	
		P1	P2
1	季初盘点（在制品）	2 个	0 个
6	完工下线（减少）		
8	开始下一批生产		

课堂支架：生产产品需要材料、人工，所以采购总监耗用材料，库存材料减少。

财务总监支付人工费，现金减少；生产总监线上生产，在制品增加。

（四）按订单交货

任务 4： 按订单 LP-03 交货，即 2P1，销售收入 10 万元。

推演填表：

1. 市场总监

销售 2 个 P2 产品（销售产品出库），库存减少，见生产产品图，用红色笔将产品库存销售的产品划掉，并填写运行记录表。

市场总监运行记录表

	任务清单	一季度	
		P1	P2
1	季初盘点（产品）	0 个	0 个
6	完工入库（增加）	+2	0 个
10	按订单交货（库存减少）		

2. 财务总监

按订单交货后，获得销售收入 10 万元，记录运行记录表，现金增加。

财务总监运行记录表

	任务清单	单位：万元
1	季初现金盘点（当前余额）	24
4	采购原材料	−2
7	变卖 / 购买生产线	0
8	开始下一批生产 （每种产品支付 1 万元加工费）	−2
10	按订单交货（取得销售收入）	

课堂支架： 按订单交货，市场总监将产品出货，即产品库存减少；对于财务总监来说，按时交货，意味着实现销售收入（现金或应收款），现金（应收款）增加。

二、参加订货会

（一）投广告

实战 1： 已具备本地市场准入证，并在本地市场上投入 1 万元广告费。

知识链接： 市场规则　订单规则

年初订货会之前，企业将拿到市场上的详单（第一年本地市场订单），企业根据订单情况，决定营销决策，投放广告。

第一年本地市场订单

P1					P2				
数量	价格	收入	账期	编号	数量	价格	收入	账期	编号
5	5	25		LP1−01	4	6	24		LP2−01
4	5	20		LP1−02	2	6.5	13		LP2−02
2	5	10		LP1−03	1	7	7		LP2−03
6	5	30		LP1−04	2	6.8	13		LP2−04
3	5	15		LP1−06	3	7.5	22		LP2−06
2	5	10		LP1−07					
1	5	5		LP1−08					
3	5	15		LP1−09					
4	5.2	21	3Q	LP1−10					
7	5	35		LP1 11					
5	5.1	26	2Q	LP1−12					
6	5	30		LP1−13					
3	5	15		LP1−14					
3	4.9	15		LP1−15					
4	4.9	20		LP1−16					

（二）抢订单

实战 2： 参加订货会，根据广告投放金额进行抢单，并登记所抢的订单

课堂支架： 如果所投的产品该市场的广告金额相等，则对比该产品的总广告费，其次比较所有者权益大小，再比较投放广告时间早晚。

广告投放及订单登记表

<table>
<tr><th colspan="2">P1 广告投放</th><th></th><th>编号</th><th>LP1-01</th><th></th><th>合计</th></tr>
<tr><td rowspan="2">本地</td><td rowspan="2">区域</td><td rowspan="3">P1 取单记录</td><td>销售收入</td><td>25 万元</td><td></td><td></td></tr>
<tr><td>产品数量</td><td>5 个</td><td></td><td></td></tr>
<tr><td>1 万元</td><td></td><td>直接成本</td><td>10 万元</td><td></td><td></td></tr>
<tr><th colspan="2">P2 广告投放</th><th></th><th>编号</th><th></th><th></th><th>合计</th></tr>
<tr><td rowspan="2">本地</td><td rowspan="2">区域</td><td rowspan="3">P2 取单记录</td><td>销售收入</td><td></td><td></td><td></td></tr>
<tr><td>产品数量</td><td></td><td></td><td></td></tr>
<tr><td></td><td></td><td>直接成本</td><td></td><td></td><td></td></tr>
</table>

三、制定工作计划表

（一）计算产能

实战 3： 根据订单，制定产能计划。

课堂支架：生产总监计算现有生产线产能，根据订单数量，决定增加多少条生产线。

生产线与产能关系表

生产线数量（条）	生产线类型	产品类型	现有产品库存（个）	生产线状态				入库（个）
				第一季度	第二季度	第三季度	第四季度	
3	手工生产线	P1	0	生产	生产	生产	下线生产	3
______	全自动生产线	P1	0	安装	生产	下线生产	下线生产	______
合计								______

计算填空：计划生产 5 个 P1，需要增加多少条全自动生产线完成产能？

（二）按订单采购原材料

实战 4：根据以上生产状况，采购原材料。

材料采购与产能关系表

生产线数量（条）	生产线类型	产品类型、数量	对应材料	采购原材料数量			
				第一季度	第二季度	第三季度	第四季度
3	手工生产线	3P1	R1				
______	全自动生产线	P1	R1				
合计							

思考填空：

1. 按产能将需要采购的原材料的数量填入黄色方框里；
2. 将原材料预订的时间用数字标示出来，如：第二季度，用②标示。

（三）制定新年度计划

各部门工作计划表

部门	采购（R1 R2）	生产（P1 P2）	销售（P1 P2）	财务
	5R1	5P1	5P1	
第一季度				
第二季度				
第三季度				
第四季度				

知识链接：机器设备、原材料。

思考：

1. 目前有多少条生产线？手工生产线还是全自动生产线？
2. 第一季度按订单进行采购，其原材料种类、数量分别多少？

3. 观察下图，第一季度线上三条手工生产线进行生产，一年的最高产能是多少？

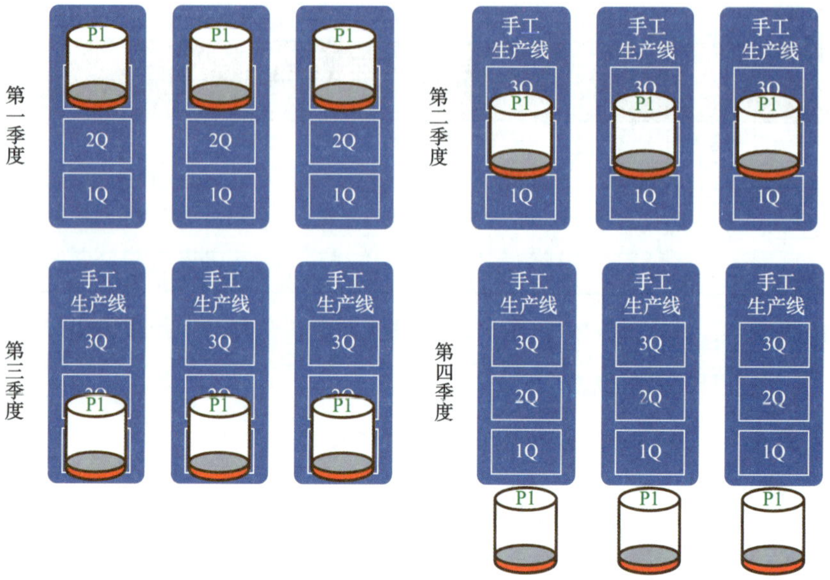

4. 今年的订单任务是生产 5 个 P1，按现有的生产线还差多少产能？

5. 一条全自动生产线一年最大的产能是多少？

工作计划表

第四单元　教学案例

通过本单元，我们学会了：

1. 认知并熟练掌握运行记录表的 13 个主要流程；
2. 各岗位按工作流程顺序准确填写运行记录表；
3. 掌握各总监的采购、生产、销售互动记录的数据关系。

年初事项

1. 投广告

（1）市场总监：投放 P1 本地市场广告费 1 万元，获得 LP1-01 订单，填写订单登记表。

广告投放及订单登记表

P1 广告投放			编号	LP1-01		合计
本地	区域	P1 取单记录	销售收入	25 万元		
			产品数量	5 个		
1 万元			直接成本	10 万元		
P2 广告投放			编号			合计
本地	区域	P2 取单记录	销售收入			
			产品数量			
			直接成本			

（2）财务总监：投放 P1 本地市场广告费，支出 1 万元，填写运行记录表。

2. 支付上一年所得税

查询上一年利润表的所得税，金额 0 元。

教学年第一年　　运行记录表　　第（1）季度

年初	年初现金余额（上一年的年末现金数）	3			
	参加订货会，支付广告费	−1			
	登记销售订单				
	支付所得税	0			
1	季初现金盘点（当前余额）	2			

一、第一季度

（一）任务单

（1）申请贷款 20 万元（财务总监）；

（2）购买上一季度订购的 3 个 R1 原材料并入库（财务总监、采购总监）；

（3）下一季度 1 个 R1 原材料订单（采购总监）；

（4）购买 1 条全自动生产线（价值 12 万元）（财务总监、生产总监）；

（5）开始生产 3 个 P1 产品（财务总监、生产总监）；

（6）支付行政管理费 1 万元（财务总监）。

（二）分岗走盘记录

1. 总经理、财务总监（填制及推盘第 3 步解析，见下图）

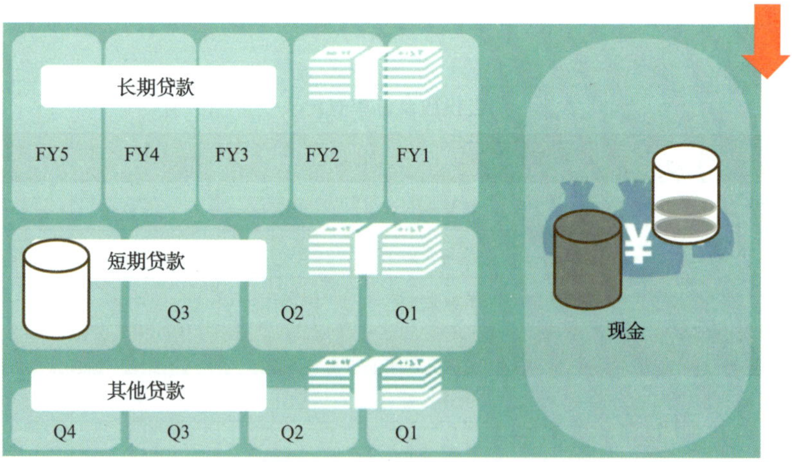

总经理：严格执行流程管理（1~16 步骤，不能颠倒顺序）。

财务总监：申请贷款 20 万元，按订单采购 3 个 R1 原材料 3 万元，（预订 1 个 R1 材料），购买一条 12 万元的全自动生产线，（生产 3 个 P1 产品，耗用 3 个 R1 材料），支付人工费 3 万元，支付管理费 1 万元。

教学年第一年　　　　**运行记录表**　　　　第（1）季度（单位：万元）

	任务清单	一季度
1	季初现金盘点（当前余额）	20
2	更新贷款 / 还本付息 先偿还才能再贷款	0
3	申请贷款（每季度 20 万 /40 万元，全年不超 120 万元）	+
4	购买上一季度订购的原材料并入库	-______
5	下一季度原料订单	
6	更新生产 / 完工入库数量	
7	购买新生产线 / 生产线到位 / 变卖生产线	-______
8	开始下一批生产（支付加工费，每种产品 1 万元）	-______
9	更新应收款 / 应收款收现	0
10	按订单交货（登记收回的货款收入）	0
11	产品研发投资（P2 生产资格证研发）	0
12	支付行政管理费（每个季度 1 万元）	-______
13	其他现金收支情况登记	0
14	现金流入合计	______
15	现金支出合计（不含广告费支出）	______
16	期末现金对账（每季末余额）	______

2. 采购总监（填制及推盘第 4、5、8 步解析，见下图）

（1）上一个季度：无库存，预订 3 个 R1 材料。

（2）本季：按订单采购 3 个 R1 材料，预订 1 个 R1 材料，生产 3 个 P1 耗用 3 个 R1 材料。

教学年第一年　　　　**运行记录表**　　　　第（1）季度（单位：个）

年初	操作名称	手工记录	
	年初现金		
	广告投放		
	支付所得税		
	任务清单	第一季度	
		R1	R2
1	季初盘点（原材料）		0
2	更新贷款 / 还本付息		
3	申请短期贷款		
4	采购原材料并入库（按上季度 3 个 R1 订单采购）	+	+0
5	下原材料订单 1 个 R1（供下季度生产用）	（　）	（0）
6	更新生产 / 完工入库数量		
7	购买新生产线 / 生产线到位 / 变卖生产线		

续表

年初	操作名称	手工记录	
	年初现金		
	广告投放		
	支付所得税		
	任务清单	第一季度	
		R1	R2
8	开始下一批生产（使用原材料）	–	–0
9	更新应收款 / 应收款收现		
10	按订单交货（填销售收入金额）		
11	产品研发投资		
12	支付行政管理费		
13	季末数额对账	个	0 个
	结账		

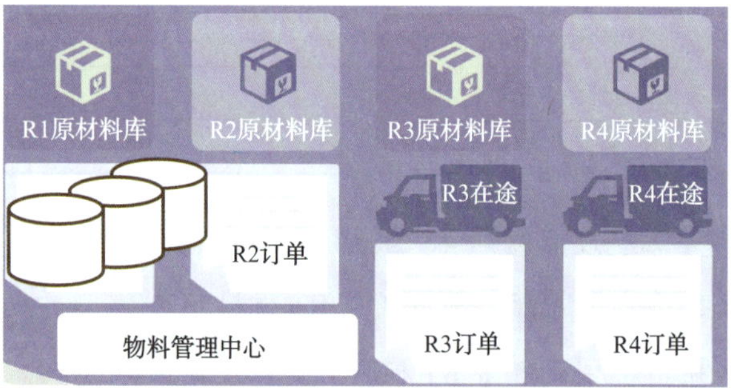

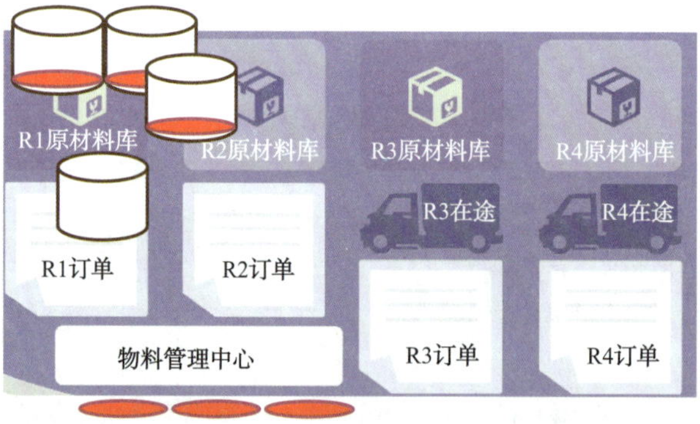

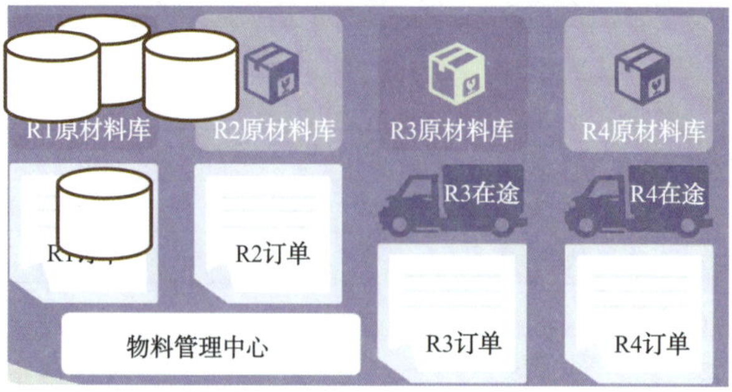

3. 生产总监

（1）上一个季度：已建 3 条手工生产线，生产线上的在制品为 0 个；

（2）本季度：新建 1 条全自动生产线，生产 3 个 P1 产品（耗用 3 个 R1 材料、3 万元人工费）。

教学年第一年　　　　**运行记录表**　　　　第（1）季度（单位：个）

年初	操作名称	手工记录	
	年初现金		
	广告投放		
	支付所得税		
	任务清单	第一季度	
		P1	P2
1	季初盘点（在制品）	个	个
2	更新贷款 / 还本付息		
3	申请短期贷款		
4	采购原材料并入库		
5	下原材料订单		
6	完工下线（减少）	−	−
7	购买新生产线 / 生产线到位 / 变卖生产线	手工 / 全自动生产线　　条	
8	开始下一批生产（使用原材料）	+	+
9	更新应收款 / 应收款收现		
10	按订单交货（填销售收入金额）		
11	产品研发投资		
12	支付行政管理费		
13	季末数额对账	个	个

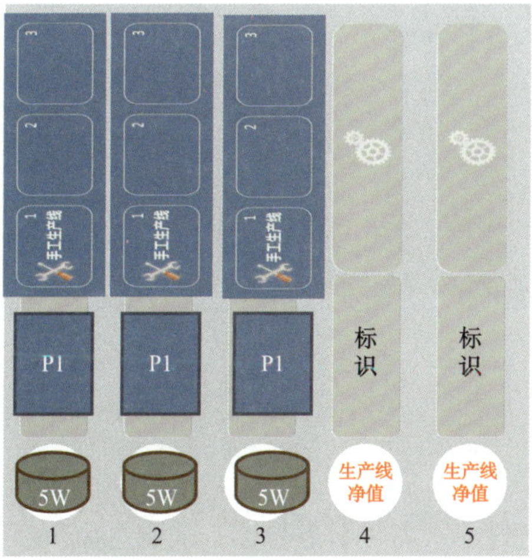

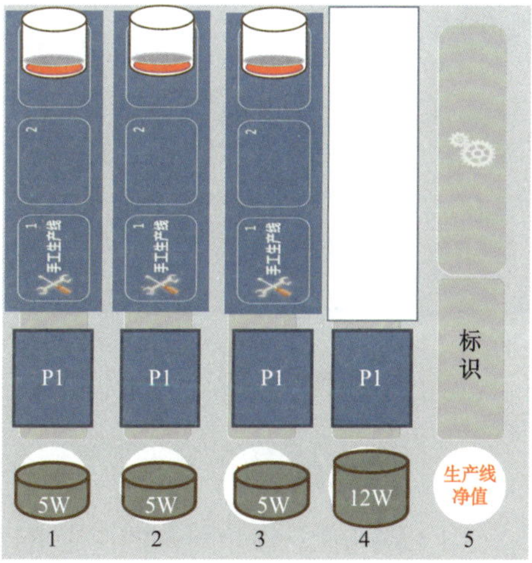

4. 市场总监

（1）上一个季度：库存 P1 产品为 0 个，P2 产品为 0 个；

（2）本季度：完工入库，P1 产品为 0 个，P2 产品为 0 个。

教学年第一年　　**运行记录表**　　第（1）季度（单位：个）

年初	操作名称	手工记录	
	年初现金		
	广告投放		
	支付所得税		
	任务清单	一季度	
		P1	P2
1	季初盘点（产成品）	个	个
2	更新贷款 / 还本付息		
3	申请短期贷款		
4	采购原材料并入库（按上季度订单采购）		
5	下原材料订单（供下季度生产用）		
6	完工入库（增加）	+	+
7	新建 / 变卖生产线		
8	开始下一批生产（使用原材料）		
9	更新应收款 / 应收款收现		
10	按订单交货（减少）	-	-
11	产品研发投资		
12	支付行政管理费		
13	季末数额对账	个	个

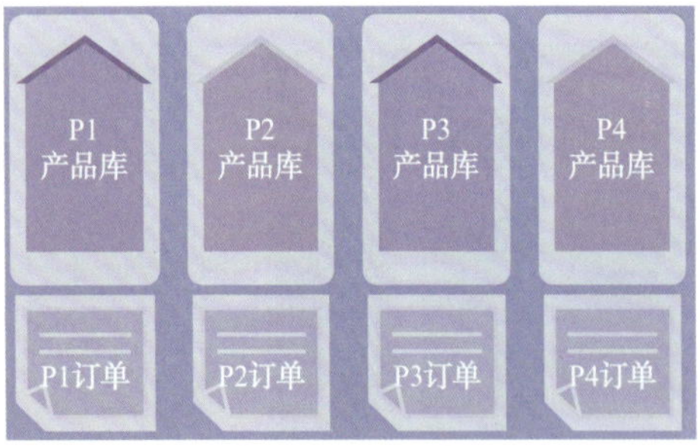

二、第二季度

（一）任务单

（1）购买上一季度订购的 1 个 R1 原材料并入库（财务总监、采购总监）；

（2）下一季度 1 个 R1 原材料订单（采购总监）；

（3）1 条全自动生产线安装到位（财务总监、生产总监）；

（4）更新生产：手工生产线上的 3 个 P1 在制品（生产总监：推桶从 Q1 推向 Q2）；

（5）开始下一批生产：全自动生产线上生产 1 个 P1 产品（财务总监、生产总监）。

（二）分岗走盘记录

1. 总经理、财务总监（更新贷款推盘第 2 步解析，从 Q4 推向 Q3，见下图）

总经理：

严格执行流程管理（1~16 步骤，不能颠倒顺序）。

财务总监：

（1）第二季度初：现金 3 万元。

（2）本季度：更新贷款（推桶从 Q4 推向 Q3），采购原材料 1 万元，（预订 1 个 R1 材料，更新手工生产线上的 3P1 在制品，生产 1 个 P1 产品，耗用 1 个 R1 材料），支付人工费 1 万元，支付管理费 1 万元。

教学年第一年　　　　**运行记录表**　　　　第（2）季度（单位：个）

年初	年初现金余额（上一年的年末现金数）	3	
	参加订货会，支付广告费	-1	
	登记销售订单		
	支付所得税	2	
	任务清单	一季度	二季度
1	季初现金盘点（当前余额）	2	3
2	更新贷款 / 还本付息 先偿还才能再贷		
3	申请贷款（每季度 20 万 /40 万元，全年不超 120 万元）	+20	+______
4	购买上一季度订购的原材料并入库	-3	-______
5	下一季度原料订单		
6	更新生产 / 完工入库数量		
7	购买新生产线 / 生产线到位 / 变卖生产线	-12	-______
8	开始下一批生产（支付加工费，每种产品 1 万元）	-3	-______
9	更新应收款 / 应收款收现	0	0
10	按订单交货（登记收回的货款收入）	0	0
11	产品研发投资（P2 生产资格证研发）	0	0
12	支付行政管理费（每个季度 1 万元）	-1	-______
13	其他现金收支情况登记	0	0
14	现金流入合计	22	______

年初	年初现金余额（上一年的年末现金数）	3	
	参加订货会，支付广告费	-1	
	登记销售订单		
	支付所得税	2	
	任务清单	一季度	二季度
15	现金支出合计（不含广告费支出）	19	____
16	期末现金对账（每季末余额）	3	____
年末	支付违约金		
	支付设备维修费		
	计提折旧		
	新市场开拓		
	本年度各类损失合计		
	结账（年末剩余现金数）		

2. 采购总监（填制及推盘第 4、5、8 步解析，见下图）

（1）上一个季度：无库存，预订 1 个 R1 材料；

（2）本季：按订单采购 1 个 R1 材料，预订 1 个 R1 材料，生产 1 个 P1 耗用 1 个 R1 材料。

教学年第一年　　　　**运行记录表**　　　　第（2）季度（单位：个）

年初	操作名称	**手工记录**			
	年初现金				
	广告投放				
	支付所得税				
	任务清单	一季度		二季度	
		R1	R2	R1	R2
1	季初盘点（原材料）	0 个	0 个	个	0 个
2	更新贷款 / 还本付息				
3	申请短期贷款				
4	采购原材料并入库（按上季度 1 个 R1 订单采购）	+3	+0	+	+0
5	下原材料订单 1 个 R1（供下季度生产用）	（1）	（0）	（ ）	（0）
6	更新生产 / 完工入库数量				
7	购买新生产线 / 生产线到位 / 变卖生产线				
8	开始下一批生产（使用原材料）	-3	-0	-	-0
9	更新应收款 / 应收款收现				
10	按订单交货（填销售收入金额）				
11	产品研发投资				
12	支付行政管理费				
13	季末数额对账	0 个	0 个	个	0 个

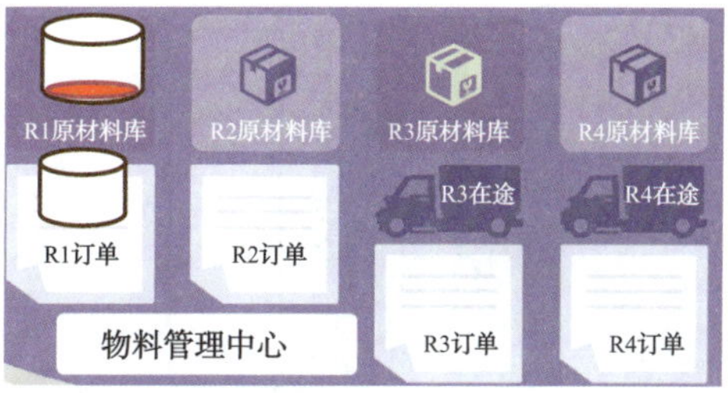

3. 生产总监

（1）上一个季度：手工生产线上的在制品为 3 个（生产周期 Q1）；

（2）本季度：更新手工生产线 3 个 P1（Q2），1 条全自动生产线已经安装到位，生产 1 个 P1。

教学年第一年　　　　**运行记录表**　　　　第（2）季度（单位：个）

年初	操作名称	手工记录			
	年初现金				
	广告投放				
	支付所得税				
	任务清单	一季度		二季度	
		P1	P2	P1	P2
1	季初盘点（在制品）	0 个	0 个	个	0 个
2	更新贷款 / 还本付息				
3	申请短期贷款				
4	采购原材料并入库				
5	下原材料订单				
6	更新生产 / 完工入库数量	－0	－0	－	－0
7	购买新生产线 / 生产线到位 / 变卖生产线	全自动生产线 1 条		安装到位	
8	开始下一批生产（使用原材料）	＋3	＋0	＋	＋0
9	更新应收款 / 应收款收现				
10	按订单交货（填销售收入金额）				
11	产品研发投资				
12	支付行政管理费				
13	季末数额对账	3 个	0 个	个	0 个

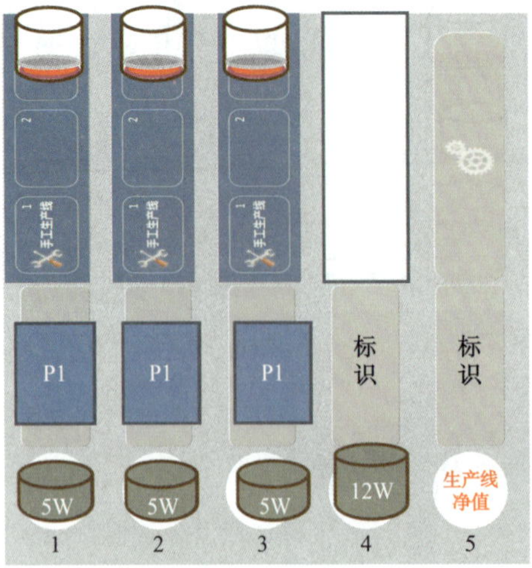

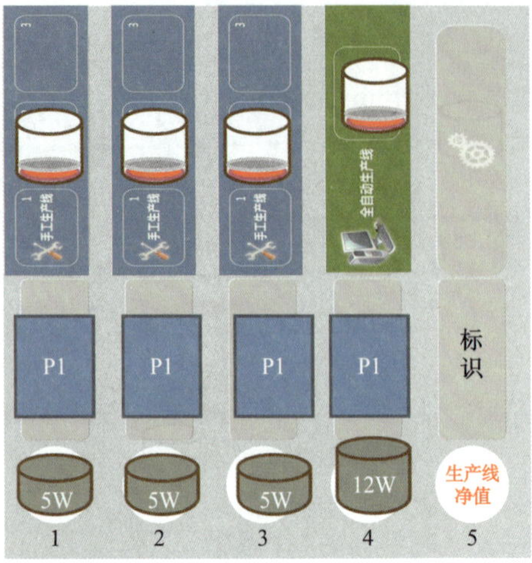

4. 市场总监

（1）上一个季度：库存 P1 产品为 0 个，P2 产品为 0 个；

（2）本季度：完工入库，P1 产品为 0 个，P2 产品为 0 个。

教学年第一年　　**运行记录表**　　第（2）季度（单位：个）

年初	操作名称	手工记录			
	年初现金				
	广告投放				
	支付所得税				
	任务清单	一季度		二季度	
		P1	P2	P1	P2
1	季初盘点（产成品）	0 个	0 个	个	0 个
2	更新贷款 / 还本付息				
3	申请短期贷款				
4	采购原材料并入库（按上季度订单采购）				
5	下原材料订单（供下季度生产用）				
6	完工入库（增加）	+0	+0	+	+0
7	新建 / 变卖生产线				
8	开始下一批生产（使用原材料）				
9	更新应收款 / 应收款收现				
10	按订单交货（减少）	−0	−0	−	−0
11	产品研发投资				
12	支付行政管理费				
13	季末数额对账	0 个	0 个	个	0 个

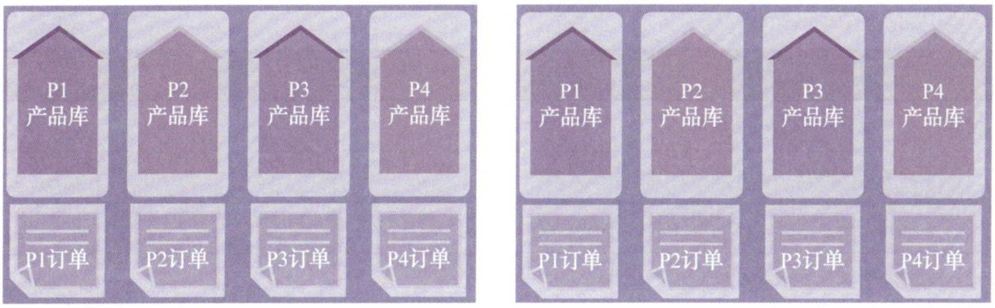

三、第三季度

（一）任务单

（1）贷款 20 万元；

（2）购买上一季度订购的 1 个 R1 原材料并入库（财务总监、采购总监）；

（3）下一季度 4 个 R1 原材料订单（采购总监）；

（4）更新生产：手工生产线上的 3 个 P1 在制品（生产总监：推桶从 Q2 推向 Q3）；

（5）完工入库：全自动生产线下线 1 个 P1 产品（生产总监）；

（6）开始下一批生产：全自动生产线上生产 1 个 P1 产品（财务总监、生产总监）。

（二）分岗走盘记录

1. 总经理、财务总监（更新贷款推盘第 2 步解析，从 Q3 推向 Q2，见下图）

总经理：

严格执行流程管理（1~16 步骤，不能颠倒顺序）；

财务总监：

（1）第三季度初：现金 0 万元，

（2）本季度：更新贷款（推桶从 Q3 推向 Q2），申请贷款 20 万元，采购原材料 1 万元，（预订 1 个 R1 材料，更新手工生产线上的 3P1 在制品，生产 1 个 P1 产品，耗用 1 个 R1 材料），支付人工费 1 万元，支付行政管理费 1 万元。

教学年第一年　　　　**运行记录表**　　　　第（3）季度（单位：万元）

	任务清单	一季度	二季度	三季度
1	季初现金盘点（当前余额）	2	3	0
2	更新贷款			
3	申请贷款（每季度 20 万 /40 万元，全年不超 120 万元）	+20	+0	+______
4	购买上一季度订购的原材料并入库	−3	−1	−______
5	下一季度原料订单			

续表

	任务清单	一季度	二季度	三季度
6	更新生产 / 完工入库数量			
7	购买新生产线 / 生产线到位 / 变卖生产线	−12	−0	−_______
8	开始下一批生产（支付加工费，每种产品 1 万元）	−3	−1	−_______
9	更新应收款 / 应收款收现	0	0	0
10	按订单交货（登记收回的货款收入）	0	0	0
11	产品研发投资（P2 生产资格证研发）	0	0	0
12	支付行政管理费（每个季度 1 万元）	−1	−1	−_______
13	其他现金收支情况登记	0	0	0
14	现金流入合计	22	3	_______
15	现金支出合计（不含广告费支出）	19	3	_______
16	期末现金对账（每季末余额）	3	0	_______
年末	支付违约金			
	支付设备维修费			
	计提折旧			
	新市场开拓			
	本年度各类损失合计			
	结账（年末剩余现金数）			

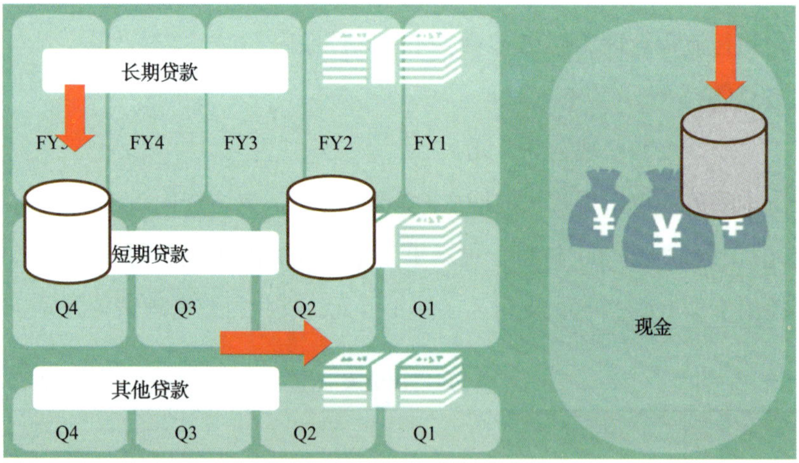

2. 采购总监（填制及推盘第 4、5、8 步解析，见下图）

（1）上一个季度：无库存，预订 4 个 R1 材料；

（2）本季度：按订单采购 1 个 R1 材料，预订 4 个 R1 材料，生产 1 个 P1 耗用 1 个 R1 材料。

教学年第一年　　　　**运行记录表**　　　　第（3）季度（单位：个）

	任务清单	一季度		二季度		三季度	
		R1	R2	R1	R2	R1	R2
1	季初盘点（原材料）	0	0	0	0	0	0
2	更新贷款 / 还本付息						
3	申请短期贷款						
4	采购原材料并入库（按上季度 1 个 R1 订单采购）	+3	+0	+1	+0	+	+0
5	下原材料订单 1 个 R1（供下季度生产用）	（1）	（0）	（1）	（0）	（ ）	（0）
6	更新生产数量						
7	购买新生产线						
8	开始下一批生产（使用原材料）	−3	−0	−1	−0	−	−0
9	更新应收款						
10	按订单交货						
11	产品研发投资						
12	支付行政管理费						
13	季末数额对账	0	0	0	0		0

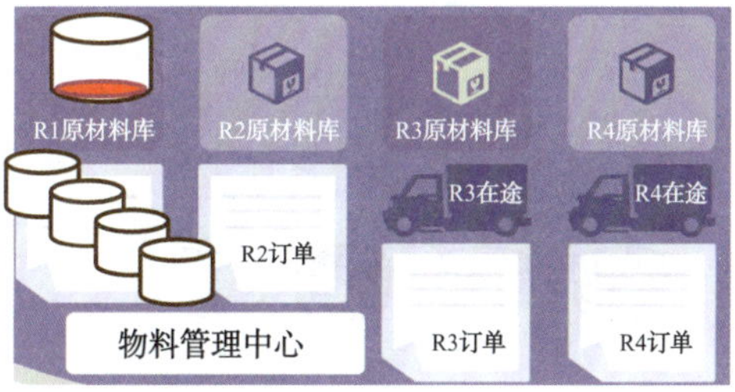

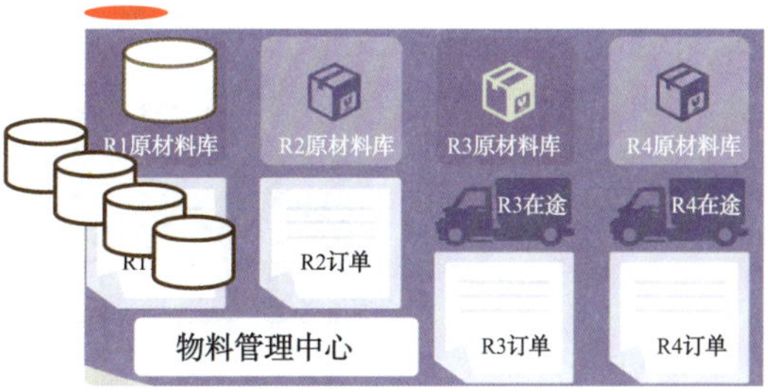

3. 生产总监

（1）上一个季度：手工生产线上的在制品为 3 个 P1（生产周期：Q2）；

（2）本季度：更新手工生产线 3 个 P1（Q3），生产 1 个 P1。

教学年第一年　　**运行记录表**　　第（3）季度（单位：个）

	任务清单	一季度		二季度		三季度	
		P1	P2	P1	P2	P1	P2
1	季初盘点（在制品）	0	0	3	0	4	0
2	更新贷款 / 还本付息						
3	申请短期贷款						
4	采购原材料并入库						
5	下原材料订单						
6	更新生产 / 完工入库数量	－0	－0	－1	－0	－	－0
7	购买新生产线 / 生产线到位 / 变卖生产线	全自动生产线 1 条		安装到位			
8	开始下一批生产（使用原材料）	＋3	＋0	＋1	＋0	＋	＋0
9	更新应收款 / 应收款收现						
10	按订单交货（填销售收入金额）						
11	产品研发投资						
12	支付行政管理费						
13	季末数额对账	3	0	4	0		0

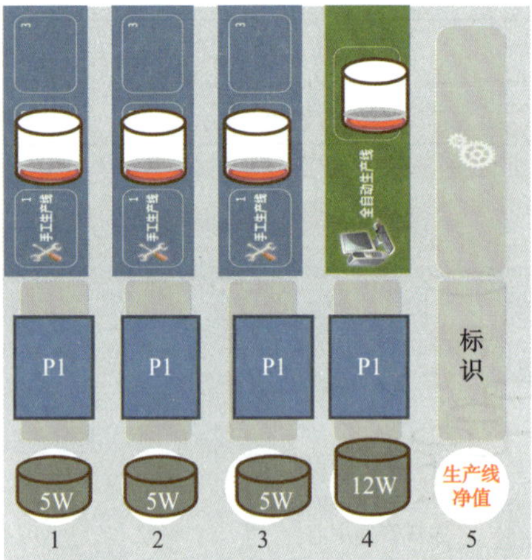

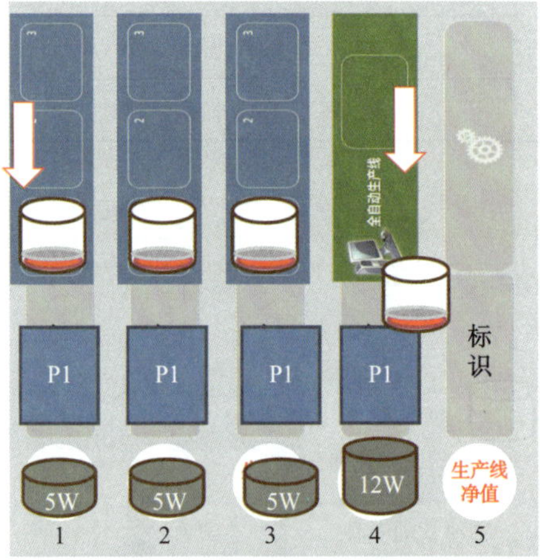

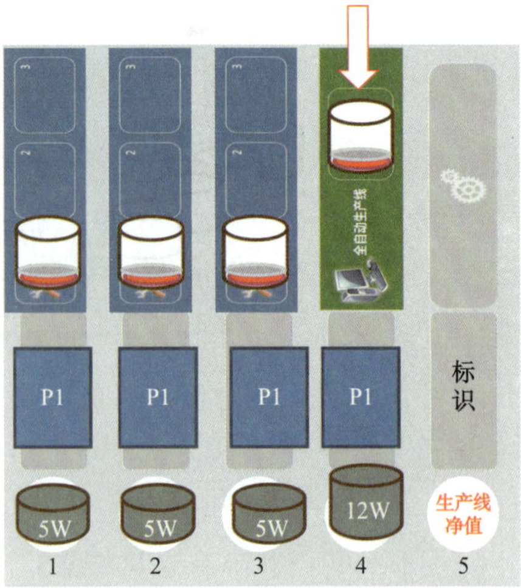

4. 市场总监

（1）上一个季度：库存 P1 产品为 0 个，P2 产品为 0 个；

（2）本季度：完工入库，P1 产品为 0 个，P2 产品为 0 个。

教学年第一年　　**运行记录表**　　第（3）季度（单位：个）

	任务清单	一季度		二季度		三季度	
		P1	P2	P1	P2	P1	P2
1	季初盘点（产成品）	0	0	0	0	0	0
2	更新贷款 / 还本付息						
3	申请短期贷款						
4	采购原材料并入库（按上季度订单采购）						
5	下原材料订单（供下季度生产用）						
6	完工入库（增加）	+0	+0	+0	+0	+	+0
7	新建 / 变卖生产线						
8	开始下一批生产（使用原材料）						
9	更新应收款 / 应收款收现						
10	按订单交货（减少）	−0	−0	−0	−0	−	−0
11	产品研发投资						
12	支付行政管理费						
13	季末数额对账	0	0	0	0		0

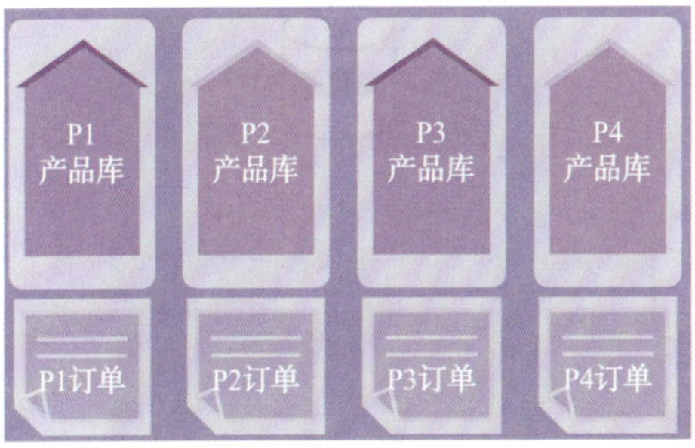

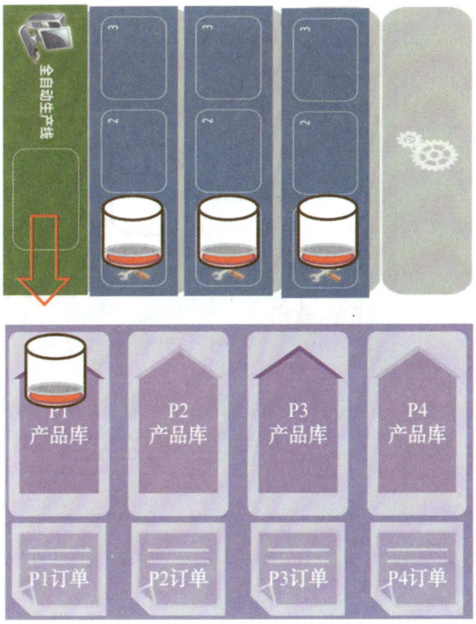

四、第四季度

（一）任务单

（1）购买上一季度订购的 4 个 R1 原材料并入库（财务总监、采购总监）；

（2）下一季度 1 个 R1 原材料订单（采购总监）；

（3）更新生产、完工入库数量：手工生产线下线 3 个 P1（生产总监：推桶从 Q3 推向产品库）；全自动生产线下线 1 个 P1（生产总监）；

（4）开始下一批生产：生产线上生产 4 个 P1 产品（财务总监、生产总监）。

（二）分岗走盘记录

1. 总经理、财务总监（更新贷款推盘第 2 步解析，从 Q3 推向 Q2，见下图）

总经理：

严格执行流程管理（1~16 步骤，不能颠倒顺序）；

财务总监：

（1）第三季度初：现金 0 万元。

（2）本季度：更新贷款（推桶 1：从 Q4 推向 Q3，推桶 2：从 Q2 推向 Q1），采购原材料 4 万元，（预订 1 个 R1 材料，更新入库：生产手工线上的 3 个 P1，全自动生产线上 1 个 P1，耗用 4 个 R1 材料），支付人工费 4 万元，支付管理费 1 万元。

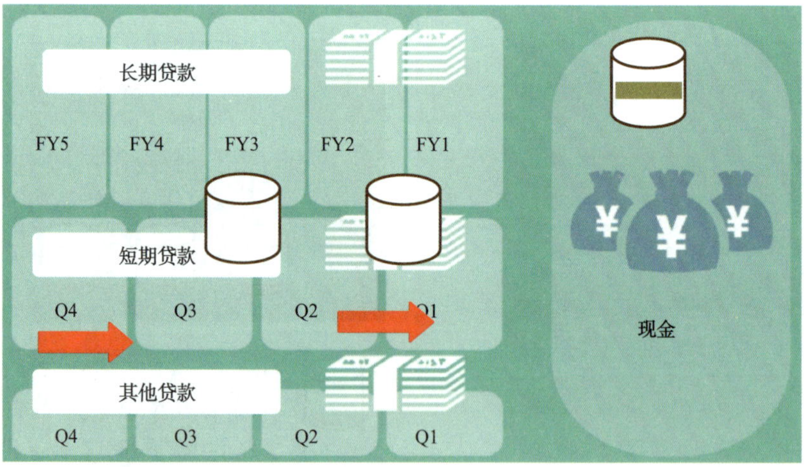

教学年第一年　　　　**运行记录表**　　　　第（4）季度（单位：万元）

	任务清单	第一季度	第二季度	第三季度	第四季度
1	季初现金盘点	2	3	0	______
2	更新贷款 / 还本付息 先偿还才能再贷				
3	申请贷款（每季度 20 万 /40 万元，全年不超 120 万元）	+20	+0	+20	+______
4	购买上一季度订购的原材料并入库	−3	−1	−1	−______
5	下一季度原料订单				
6	更新生产 / 完工入库数量				
7	购买新生产线 / 生产线到位 / 变卖生产线	−12	−0	−0	−0
8	开始下一批生产（支付加工费，每种产品 1 万元）	−3	−1	−1	−______
9	更新应收款 / 应收款收现	0	0	0	0
10	按订单交货（登记收回的货款收入）	0	0	0	0
11	产品研发投资（P2 生产资格证研发）	0	0	0	0
12	支付行政管理费（每个季度 1 万元）	−1	−1	−1	−______
13	其他现金收支情况登记	0	0	0	0
14	现金流入合计	22	3	20	______
15	现金支出合计（不含广告费支出）	19	3	3	______
16	期末现金对账（每季末余额）	3	0	17	______
年末	支付违约金				
	支付设备维修费				
	计提折旧				
	新市场开拓				
	本年度各类损失合计				
	结账（年末剩余现金数）				

2. 采购总监（填制及推盘第 4、5、8 步解析，见下图）

（1）上一个季度：无库存，预订 4 个 R1 材料；

（2）本季度：按订单采购 4 个 R1 材料，预订 1 个 R1 材料，生产 4 个 P1 耗用 4 个 R1 材料。

教学年第一年　　　　**运行记录表**　　　　第（4）季度（单位：个）

	任务清单	一季度		二季度		三季度		四季度	
		R1	R2	R1	R2	R1	R2	R1	R2
1	季初盘点（原材料）	0	0	0	0	0	0	0	0
2	更新贷款								

续表

	任务清单	一季度		二季度		三季度		四季度	
		R1	R2	R1	R2	R1	R2	R1	R2
3	申请短期贷款								
4	采购原材料并入库	+3	+0	+1	+0	+1	+0	+4	+0
5	下原材料订单	(1	0)	(1	0)	(4	0)	(4	0)
6	更新生产 / 完工入库数量								
7	购买新生产线								
8	开始下一批生产	−3	−0	−1	−0	−1	−0		−0
9	更新应收款								
10	按订单交货								
11	产品研发投资								
12	支付行政管理费								
13	季末数额对账	0	0	0	0	0	0		0

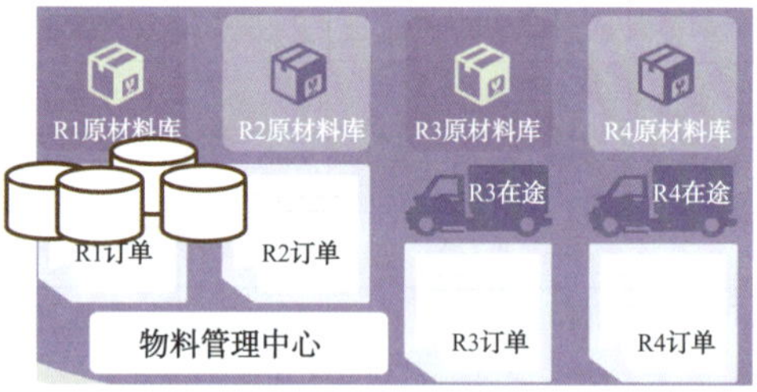

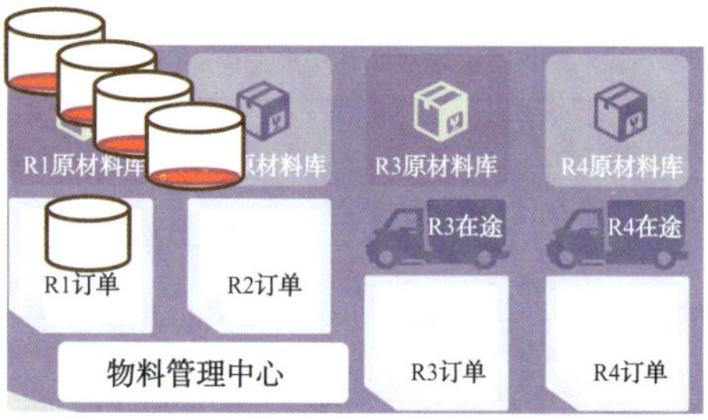

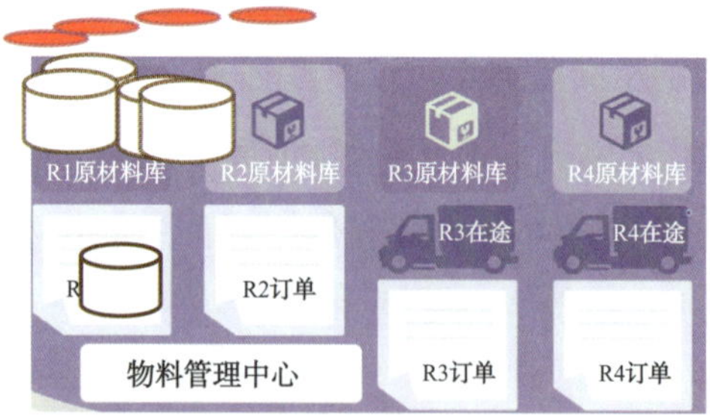

3. 生产总监

（1）上一个季度：手工生产线上的在制品为 3 个 P1（生产周期：Q3）；

（2）本季度：更新手工生产线 3 个 P1（Q3），生产 1 个 P1。

教学年第一年　　　　**运行记录表**　　　　第（4）季度（单位：个）

	任务清单	一季度		二季度		三季度		四季度	
		P1	P2	P1	P2	P1	P2	P1	P2
1	季初盘点（在制品）	3	0	3	0	4	0		0
2	更新贷款								
3	申请短期贷款								
4	采购原材料并入库								
5	下原材料订单								
6	更新生产 / 完工入库数量	−0	−0	−0	−0	−1	−0		−0
7	购买新生产线 / 生产线到位 / 变卖生产	购买一条全自动生产线		安装到位					
8	开始下一批生产	+1	+0	+1	+0	+1	+0		+0
9	更新应收款								
10	按订单交货								
11	产品研发投资								
12	支付行政管理费								
13	季末数额对账	0	0	4	0	4	0		0

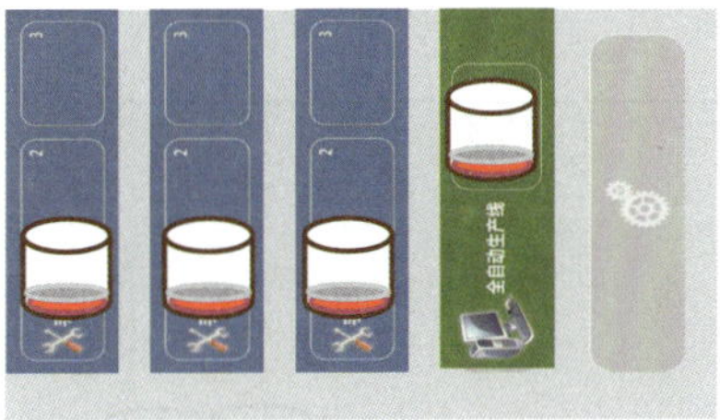

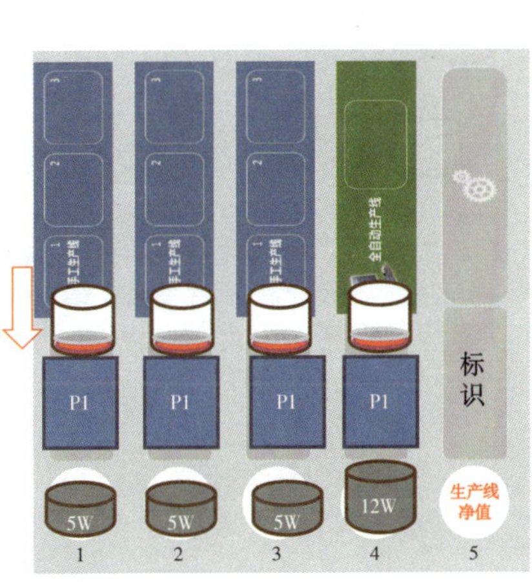

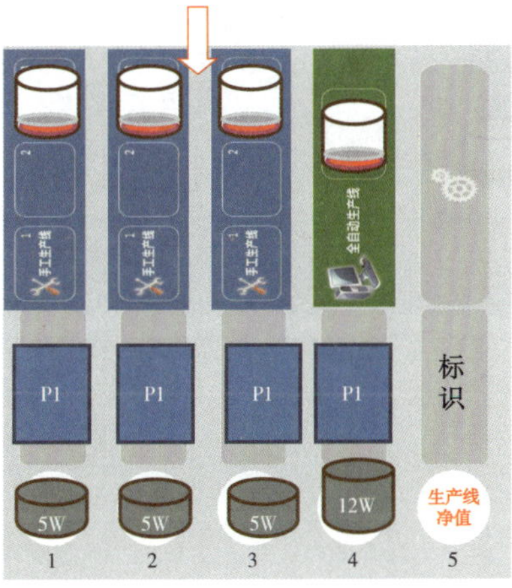

4. 市场总监

（1）上一个季度：库存 P1 产品 1 个，P2 产品 0 个；

（2）本季度：完工入库，P1 产品 4 个，P2 产品 0 个。

教学年第一年　　　　**运行记录表**　　　　第（4）季度（单位：个）

	任务清单	一季度		二季度		三季度		四季度	
		P1	P2	P1	P2	P1	P2	P1	P2
1	季初盘点（产品）	0	0	0	0	0	0		0
2	更新贷款								
3	申请短期贷款								
4	采购原材料并入库								
5	下原材料订单								
6	更新生产 / 完工入库数量	+0	+0	+0	+0	+1	+0		+0
7	购买新生产线								
8	开始下一批生产								
9	更新应收款								
10	按订单交货								
11	产品研发投资								
12	支付行政管理费								
13	季末数额对账	0	0	0	0	1	0		0

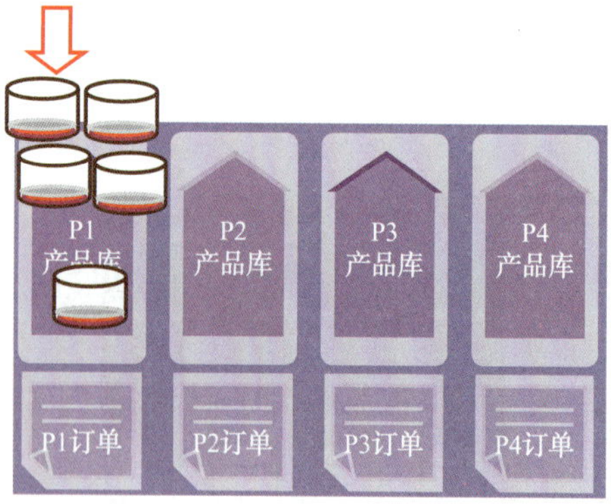

年末事项:

1. 财务总监填写年末各项费用支出

（1）支付违约金：主要指由于完成不能订单，按违约订单金额的 40% 支付的费用，以万元为单位四舍五入。

（2）支付设备维修费：只要已经安装完成，无论是否生产，都要缴纳设备维修费 1 万元 / 条。

（3）计提折旧：使用机器设备损耗，使得价值减少的部分，只要安装完成，每年年末需缴纳，每年手工生产线 1 万元 / 条，全自动生产线 2 万元 / 条，折旧无须从现金栏支出，从生产线净值取出，因此，它不影响现金栏收支。

（4）新市场开拓：主要是企业为了扩大销售范围，在国内、亚洲、国际市场上争夺更多的订单机会。

（5）本年度各类损失：指变卖生产线、厂房、原材料、产品等低于其价值的损失。

填写年末运行表：根据生产线支付维修费、计提折旧、暂不开发市场。

年末	支付违约金				0
	支付设备维修费				
	计提折旧				（ ）
	新市场开拓				0
	本年度各类损失合计				0
	结账（年末剩余现金数）				

2. 各总监核对本年度运行记录表

（1）财务总监观察并核对现金栏盘面金额与运行记录表年末结账金额是否一致；

（2）采购总监观察并核对原材料库数额与运行记录表季末数额是否一致；

（3）生产总监观察并核对生产线上在制品数额与运行记录表季末数额是否一致；

（4）市场总监观察并核对产品库的产品数额与运行记录表季末数额是否一致。

教学年第一年　　　　**运行记录表**　岗位：财务总监　单位：万元

年初	年初现金余额（上一年的年末现金数）	3			
	参加订货会，支付广告费	−1			
	登记销售订单				
	支付所得税	0			
1	季初现金盘点（当前余额）	2	3	0	17
2	更新贷款 / 还本付息 先偿还才能再贷款				
3	申请贷款（每季度 20 万 /40 万元，全年不超 120 万元）	+20	+0	+20	+0
4	购买上一季度订购的原材料并入库	−3	−1	−1	−4
5	下一季度原料订单				
6	更新生产 / 完工入库数量				
7	购买新生产线 / 生产线到位 / 变卖生产线	−12	−0	−0	−0
8	开始下一批生产（支付加工费，每种产品 1 万元）	−3	−1	−1	−4
9	更新应收款 / 应收款收现	0	0	0	0
10	按订单交货（登记收回的货款收入）	0	0	0	25
11	产品研发投资（P2 生产资格证研发）	0	0	0	0
12	支付行政管理费（每个季度 1 万元）	−1	−1	−1	−1
13	其他现金收支情况登记	0	0	0	0
14	现金流入合计	22	3	20	42
15	现金支出合计（不含广告费支出）	19	3	3	9
16	期末现金对账（每季末余额）	3	0	17	33
年末	支付违约金				0
	支付设备维修费				−4
	计提折旧				（5）
	新市场开拓				0
	本年度各类损失合计				0
	结账（年末剩余现金数）				29

教学年第一年　　**运行记录表**　　岗位：财务总监

	操作名称	手工记录							
年初	年初现金								
	广告投放								
	支付所得税								
	任务清单	一季度		二季度		三季度		四季度	
		R1	R2	R1	R2	R1	R2	R1	R2
1	季初盘点（原材料）	0 个	0 个	0 个	0 个	0 个	0 个	0 个	0 个
2	更新贷款 / 还本付息								
3	申请短期贷款								
4	采购原材料并入库（按上季度 1 个 R1 订单采购）	+3	+0	+1	+0	+1	+0	+4	+0
5	下原材料订单 1 个 R1（供下季度生产用）	（1）	（0）	（1）	（0）	（4）	（0）	（1）	（0）
6	更新生产 / 完工入库数量								
7	购买新生产线 / 生产线到位 / 变卖生产								
8	开始下一批生产（使用原材料）	−3	−0	−1	−0	−1	−0	−4	−0
9	更新应收款 / 应收款收现								
10	按订单交货（填销售收入金额）								
11	产品研发投资								
12	支付行政管理费								
13	季末数额对账	0 个	0 个	0 个	0 个	0 个	0 个	0 个	0 个
年末	支付设备维修费								
	计提折旧								
	新市场开拓 /ISO 资格证投资								
	其他（违约罚款等）								
	结账								

教学年第一年　　**运行记录表**　　岗位：生产总监

	操作名称	手工记录							
年初	年初现金								
	广告投放								
	支付所得税								
	任务清单	一季度		二季度		三季度		四季度	
		P1	P2	P1	P2	P1	P2	P1	P2
1	季初盘点（在制品）	0 个	0 个	4 个	0 个	4 个	0 个	4 个	0 个
2	更新贷款 / 还本付息								
3	申请短期贷款								
4	采购原材料并入库								
5	下原材料订单								
6	更新生产 / 完工入库数量	−0	−0	−1	−0	−1	−0	−4	−0
7	购买新生产线 / 生产线到位 / 变卖生产	全自动生产线 1 条		安装到位					
8	开始下一批生产（使用原材料）	+3	+0	+1	+0	+1	+0	+4	+0
9	更新应收款 / 应收款收现								
10	按订单交货（填销售收入金额）								
11	产品研发投资								
12	支付行政管理费								
13	季末数额对账	3 个	0 个	4 个	0 个	4 个	0 个	4 个	0 个
年末	支付设备维修费								
	计提折旧								
	新市场开拓 /ISO 资格证投资								
	其他（违约罚款等）								
	结账								

教学年第一年 **运行记录表** 岗位：市场总监

年初	操作名称	手工记录							
年初	年初现金								
	广告投放								
	支付所得税								
	任务清单	一季度		二季度		三季度		四季度	
		P1	P2	P1	P2	P1	P2	P1	P2
1	季初盘点（产成品）	0个	0个	0个	0个	0个	0个	1个	0个
2	更新贷款/还本付息								
3	申请短期贷款								
4	采购原材料并入库（按上季度订单采购）								
5	下原材料订单（供下季度生产用）								
6	完工入库（增加）	+0	+0	+0	+0	+1	+0	+4	+0
7	新建/变卖生产线								
8	开始下一批生产（使用原材料）								
9	更新应收款/应收款收现								
10	按订单交货（减少）	−0	−0	−0	−0	−0	−0	−5	−0
11	产品研发投资								
12	支付行政管理费								
13	季末数额对账	0个	0个	0个	0个	1个	0个	0个	0个
年末	支付设备维修费								
	计提折旧								
	新市场开拓/ISO资格证投资								
	其他（违约罚款等）								
	结账								

3. 填制表格

（1）综合费用表：

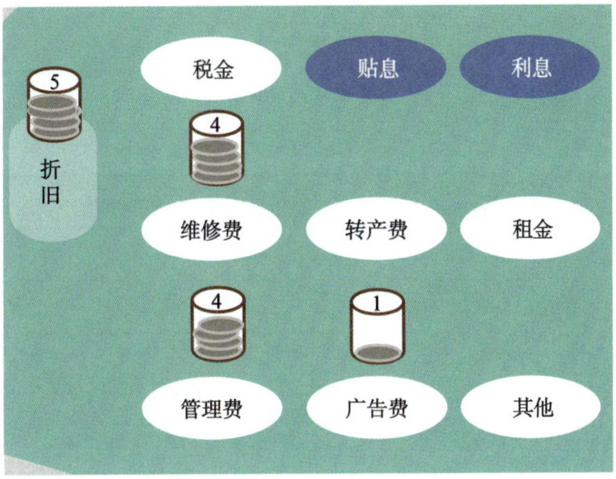

财务总监观察盘面并填写：

综合费用明细表 第一年

项目	金额	备注
管理费	4	每个季度 1 万元
广告费	1	不同市场投入 1 万元广告费，可以得到 1 张订单，在同一市场，投 1 万元广告费可以得到 1 张单，多投 2 万元，可以多得到 1 张单，即 1 万元 1 张单，3 万元 2 张单，5 万元 3 张单，7 万元 4 张单，依此类推
维修费	4	手工线生产线、全自动生产线维修费为 1 万元 / 年；在建、出售的生产线不需要交维修费
市场准入开拓	0	本地市场准入证、区域市场准入证均为 1 万元
产品研发	0	P1 生产资格证研发费用 1 万元、P2 生产资格证研发费用 5 万元
其他	0	包括违约、销售设备产生的损失等 注：按违约订单的销售额 ×40% 计算，向上取整
合计	9	以上几项相加

（2）利润表：

财务总监填写利润表：根据广告投放及订单登记表、综合费用明细表填写利润表相关的数据。

广告投放及订单登记表

P1 广告投放			编号	01			合计
本地	区域	P1 取单记录	数量	5 个			
1	0		销售收入	25 万元			
			直接成本	10 万元			

第一年利润表

单位：万元

项目		金额	备注
销售收入	+	25	销售产品所获得的收入
销售成本	–	10	直接用于生产过程中的料工费
毛利	=	15	销售收入 – 直接成本
综合费用	–	9	综合管理费用明细表合计
折旧	–	5	生产线使用过程中磨损的价值
财务费用	–	0	借款利息
税前利润	=	1	支付利息前利润 – 财务费用
所得税	–	0	当税前利润＞0 时，所得税 = 税前利润 ×25%，以万元整数倍交税，低于 0.5 万元，不用交税，等于或大于 0.5 万元，四舍五入，如 3.5 万元，以 4 万元交税；3.4 万元，则交 3 万元；当税前利润≤0 时，所得税 =0
净利润	=	1	税前利润 – 所得税

所得税 = 税前利润 ×25%=1×25%=0.25 万元，四舍五入，即 0 元，不用交税。

（3）资产负债表：

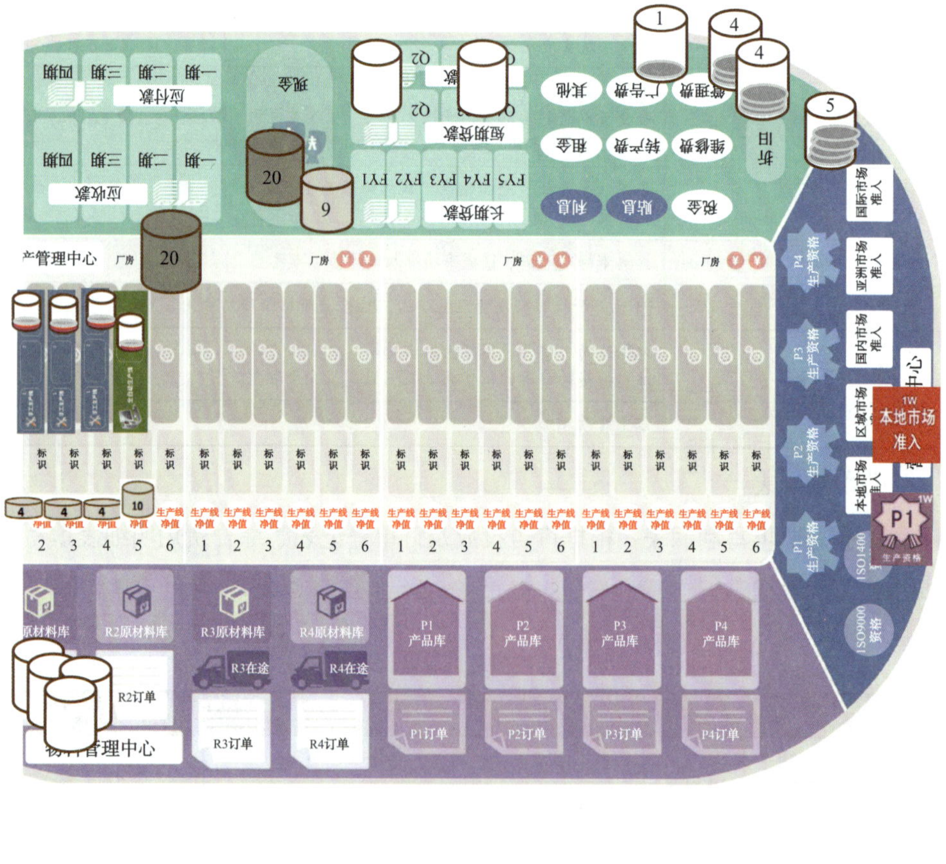

财务总监观察盘面并填写：

资产负债表（第一年） 单位：万元

项目		金额	项目		金额
库存现金	+	29	短期贷款	+	40
在制品	+	8	应交所得税	+	0
产成品	+	0			
原材料	+	0			
流动资产合计①	=	37	负债合计④	=	40
厂房	+	20	股东资本	+	40
生产线	+	22	利润留存	+	−2
在建工程（在建全自动生产线）	+	0	年度净利（净利润）	+	1
对外投资	+	0			
非流动资产合计②	=	42	所有者权益合计⑤	=	39
资产合计③ = ① + ②		79	负债与权益合计		79

（4）各表格的关联数据：

综合费用表（第一年） 单位：万元

项目	金额
管理费	4
广告费	1
维修费	4
市场准入开拓	0
产品研发	0
其他	0
合　计	9

利润表（第一年） 单位：万元

项目		金额
销售收入	+	25
销售成本	−	10
毛利	=	15
综合费用	−	9
折旧	−	5
财务费用	−	0
税前利润	=	1
所得税	−	0
净利润	=	1

资产负债表（初始年）单位：万元

项目	金额	项目	金额
库存现金	3	短期贷款	0
在制品	0	应交所得税	0
产成品	0		
原材料	0		
流动资产合计①	3	负债合计	0
厂房	20	股东资本	40
生产线	15	利润留存	0
在建工程（在建全自动生产线）	0	年度净利（净利润）	−2
对外投资	0		
非流动资产合计②	35	所有者权益合计⑤	38
资产合计③＝①＋②	38	负债与权益合计⑥＝④＋⑤	38

资产负债表（第一年）单位：万元

项目	金额	项目	金额
库存现金	29	短期贷款	40
在制品	8	应交所得税	0
产成品	0		
原材料	0		
流动资产合计①	37	负债合计④	40
厂房	20	股东资本	40
生产线	22	利润留存	−2
在建工程（在建全自动生产线）	0	年度净利（净利润）	1
对外投资	0		
非流动资产合计②	42	所有者权益合计⑤	39
资产合计③＝①＋②	79	负债与权益合计⑥＝④＋⑤	79

模块四

企业发展

模块四
企业发展

情境导入

如果把ERP看成是战场，那么市场总监就是我们的先锋。在现实中，对于一个企业而言，没有市场销售就相当于没有利润，没有利润就不能维持企业的生存与发展。为了企业更好地发展，一起完成接下来的“脑力体操”吧。

思维导图

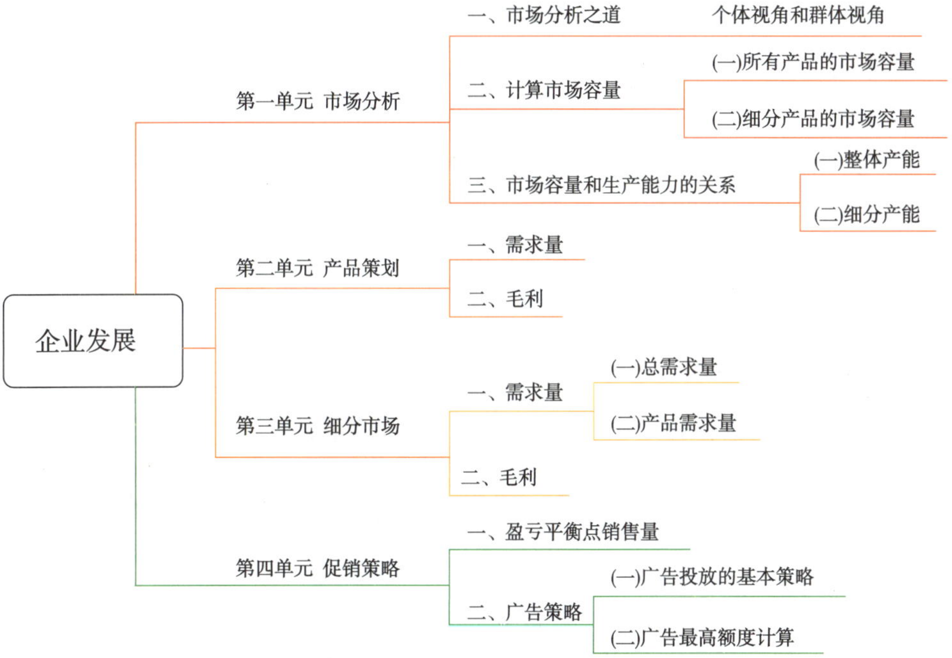

第一单元　市场分析

通过本单元，我们学会了：

1. 了解市场分析的个体视角和群体视角；
2. 正确计算市场容量；
3. 分析市场容量和生产能力的关系。

一、市场分析之道

在市场分析中，以个体视角为基础，用群体视角观察全局，先梳理自己的思路，用联系的眼光看待问题，相信会有更多的收获！

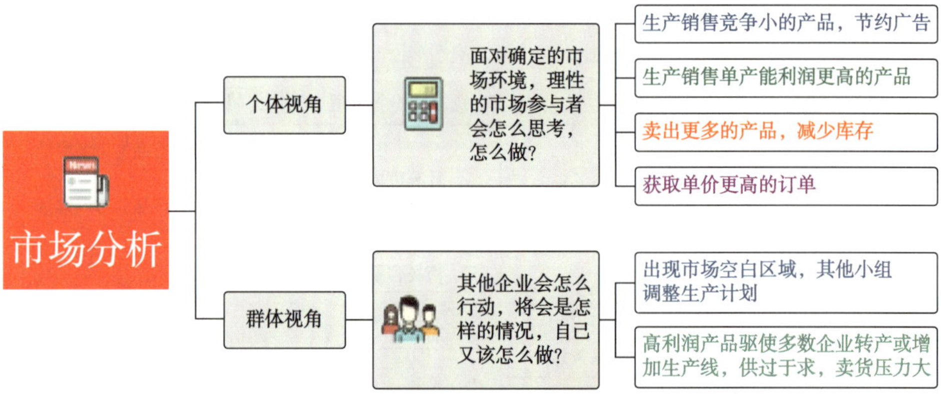

二、计算市场容量

产品精准匹配市场是企业发展的核心推动力之一，我们无法看到未来市场的竞争情况，但为了避免因为产能不足错失市场机会，可以先假设当年市场上所有产品的需求量被平均分配，分析当年每个企业平均可以分到多少个产品，这就是市场容量。

市场容量是指某年度所有小组生产的产品刚好满足市场需求的产品数量，可以用于判断企业的生产能力和市场需求的差距。

计算公式：某年市场容量 = 当年市场需求量求和 / 参赛组数

（一）所有产品的市场容量

举例：假设参赛组数为 10 组

市场预测表——需求量

年份	产品	本地	区域	国际
第二年	P1	65	25	0
第二年	P2	28	32	0
第二年市场容量 =（65+25+0+28+32+0）/10=15（个）				

练习：假设参赛组数为 10 组

市场预测表——需求量

年份	产品	本地	区域	国际
第三年	P1	53	32	35
第三年	P2	43	34	33
第三年市场容量 =（　　　　　）/10=________（个）				

（二）细分产品的市场容量

举例：假设参赛组数为 10 组

市场预测表——需求量

年份	产品	本地	区域	国际
第二年	P1	65	25	0
第二年	P2	28	32	0
第二年 P1 市场容量 =（65+25+0）/10=9（个）				
第二年 P2 市场容量 =（28+32+0）/10=6（个）				

练习：假设参赛组数为 10 组

市场预测表——需求量

年份	产品	本地	区域	国际
第三年	P1	53	32	35
第三年	P2	43	34	33
第三年 P1 市场容量 =（　　　　　）/10=________（个）				
第三年 P2 市场容量 =（　　　　　）/10=________（个）				

三、市场容量和生产能力的关系

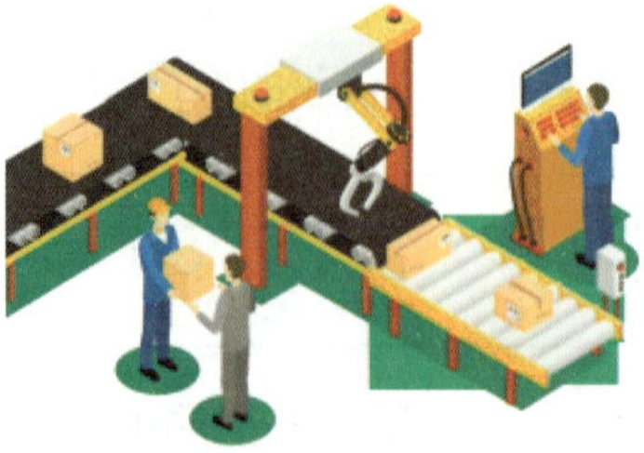

以市场容量为基点，适当高于或低于平均数，以此判断产能和市场需求的差距，这通常也是和其他理性的市场竞争者的差距。

（一）整体产能

承上例，假设第 2 年 A 企业的生产能力为 12 个产品，B 企业的生产能力为 15 个产品，C 企业的生产能力为 18 个产品，第 2 年市场容量为 15 个产品。对比可得结论：

企业	生产能力	比较	第 2 年市场容量	结论
A 企业	12	<	15	产能低于市场平均值，还有提升空间
B 企业	15	=	15	产能等于市场平均值，满足市场需求
C 企业	18	>	15	产能高于市场平均值，适当增加广告额

在经营初期，基本还不存在具体的地位策略，产能尽量不低于市场平均值。每年的市场容量都不同，通常呈上升趋势，因此在有可能的情况下，应当在决策中预留空间为后续年份提升产能做准备。

（二）细分产能

企业	产品	生产能力	比较	第 2 年市场容量	结论
A 企业	P1	5	<	9	产能低于市场平均值，还有提升空间
	P2	7	>	6	产能高于市场平均值，适当增加广告额
B 企业	P1	9	=	9	产能等于市场平均值，满足市场需求
	P2	6	=	6	产能等于市场平均值，满足市场需求
C 企业	P1	8	>	9	产能低于市场平均值，还有提升空间
	P2	10	<	6	产能高于市场平均值，适当增加广告额

在经营中后期，根据既得市场份额，确定企业在行业中所处的地位，以谋求最佳发展战略。在广告策略上，产能远低于市场容量，在投放广告时更要精打细算；产能大于或远大于市场容量，在广告策略上就可以选择激进策略，抢夺市场份额。

第二单元　产品策划

通过本单元，我们学会了：

1. 利用数据和图表分析产品的需求量变化；

2. 利用数据和图表分析产品的毛利差距；

3. 根据市场需求和产品特征决定研发品种。

一、需求量

市场预测表——需求量

序号	年份	产品	总计	序号	年份	产品	总计
1	第一年	P1	62	7	第四年	P1	109
2	第一年	P2	16	8	第四年	P2	136
3	第二年	P1	88	9	第五年	P1	101
4	第二年	P2	60	10	第五年	P2	149
5	第三年	P1	120	11	第六年	P1	97
6	第三年	P2	110	12	第六年	P2	149

市场P1和P2需求量预测变化

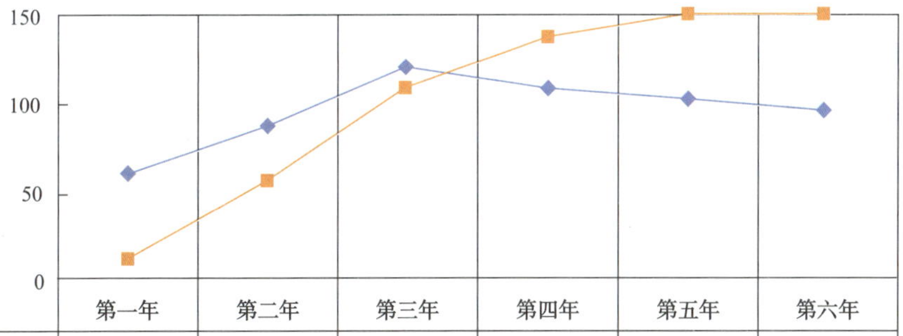

	第一年	第二年	第三年	第四年	第五年	第六年
P1	62	88	120	109	101	97
P2	16	60	110	136	149	149

任务： 观察市场 P1 和 P2 需求量预测变化图，尝试写下你的发现。

参考分析：

我们可以看到，P1 和 P2 两种产品的需求量整体呈上升趋势，前三年 P1 的需求量高于 P2 的需求量，两种产品的需求量增长迅速，适合增加产能，主营 P1；从第四年开始进入产品发展的平稳期，需要注意的是，第四年开始 P1 的需求量每年连续出现小幅下降，P1 适合考虑转产，不适合增加产能；第六年 P2 的需求量与上年持平，不适合增加产能。

二、毛　利

年份	P1			P2		
	均价	直接成本	毛利	均价	直接成本	毛利
第一年	5.03	2	3.03	6.69	3	3.69
第二年	4.74	2	2.74	6.55	3	3.55
第三年	4.51	2	2.51	6.92	3	3.92
第四年	4.50	2	2.50	6.40	3	3.40
第五年	4.45	2	2.45	6.57	3	3.57
第六年	4.16	2	2.16	6.37	3	3.37

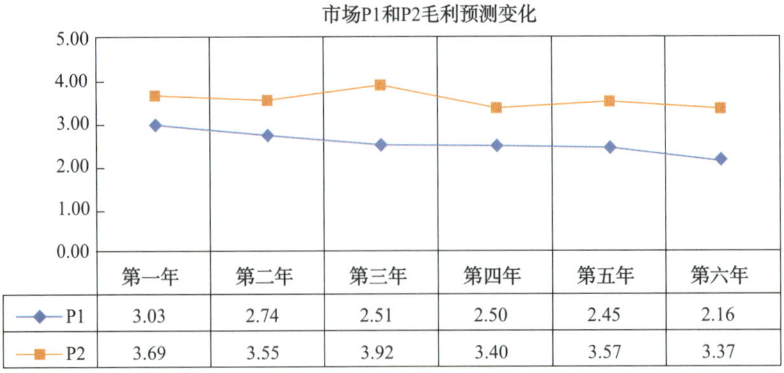

任务：观察市场 P1 和 P2 需求量预测变化图，尝试写下你的发现。

参考分析：

我们可以看到，P1 和 P2 两种产品的毛利整体呈下降趋势，P2 的毛利比 P1 的毛利高，能给企业带来的单产能利润也较高，“高端的产品”所占的市场份额一定不大，而且生产该产品的企业也一定会较多，想要抢占高利润产品的市场份额，需要更高额的广告费和在选单上多下功夫。

第三单元　细分市场

通过本单元，我们学会了：

1. 分析细分市场的需求量变化；
2. 分析细分市场的毛利变化；
3. 发现关注细分市场的重点。

一、需求量

（一）总需求量

细分市场总需求量

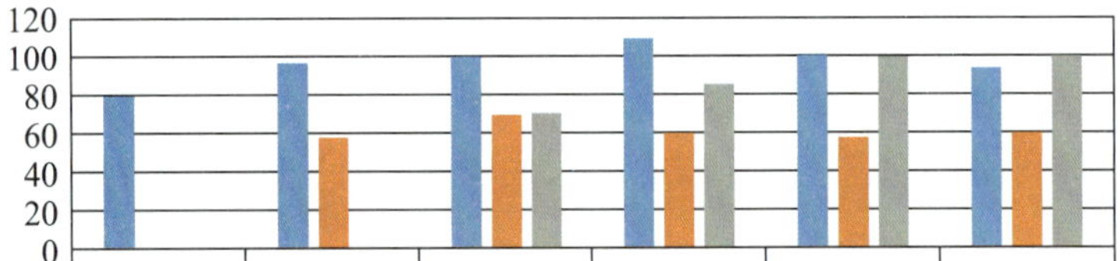

	第一年	第二年	第三年	第四年	第五年	第六年
本地	78	93	96	105	97	90
区域		55	66	58	56	59
国际			68	82	97	97

任务 1： 观察细分市场总需求量图，尝试写下你的发现。

参考分析：

本地市场的需求量较大，缓慢发展，第四年达到顶峰，而后开始减少；区域市场从第二年开始有订单，有小幅波动，但由于受到地域限制，总需求量比较有限；进入国际市场需要一段较长的时间，国际市场从第三年开始有订单，发展速度较快且持续发展，成为后期需求量最大的市场。

（二）产品需求量

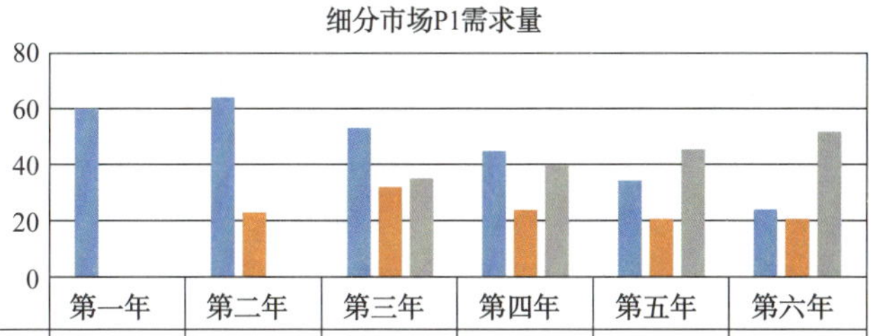

	第一年	第二年	第三年	第四年	第五年	第六年
本地	62	65	53	45	34	24
区域		23	32	24	21	21
国际			35	40	46	52

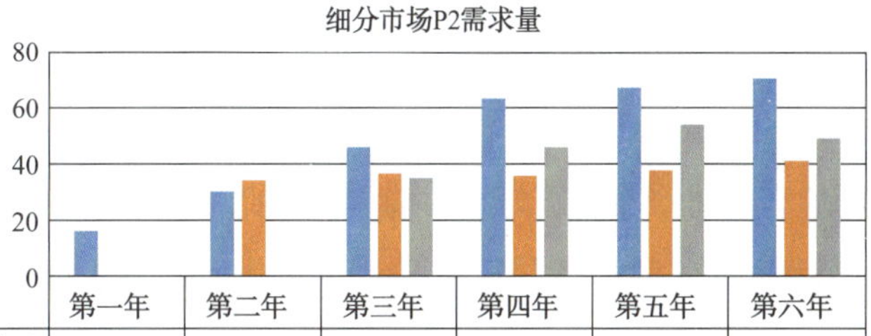

	第一年	第二年	第三年	第四年	第五年	第六年
本地	16	28	43	60	63	66
区域		32	34	34	35	38
国际			33	42	51	45

🔔 **任务 2：** 观察细分市场 P1 需求量图和细分市场 P2 需求量图，完成评价表，尝试写下你的发现。

市场	指标		评价		
本地	需求量	总量	小	○○○○○○	大
		波动	小	○○○○○○	大
		走势	下降	○○○○○○	上涨
		变速	缓慢	○○○○○○	迅速
	客户喜好	波动	小	○○○○○○	大
		类型	低端	○○○○○○	高端
区域	需求量	总量	小	○○○○○○	大
		波动	小	○○○○○○	大
		走势	下降	○○○○○○	上涨
		变速	缓慢	○○○○○○	迅速
	客户喜好	波动	小	○○○○○○	大
		类型	低端	○○○○○○	高端

续表

市场	指标		评价		
国际	需求量	总量	小	○○○○○○	大
		波动	小	○○○○○○	大
		走势	下降	○○○○○○	上涨
		变速	缓慢	○○○○○○	迅速
	客户喜好	波动	小	○○○○○○	大
		类型	低端	○○○○○○	高端
发现					

参考分析：

本地市场对 P1 的需求不断减少，而对 P2 的需求不断增加，可见该市场的客户乐于接受新事物，第二年本地市场出现了 P1 需求量最高点，第六年本地市场出现了 P2 需求量最高点，是争夺市场份额的关键时机。

区域市场的客户对产品的喜好相对稳定，因此市场需求量波动比较平稳。

国际市场对两种产品的需求差别不大，客户对 P1 已经有所认同，对 P2 谨慎地接受。

二、毛 利

细分市场P1毛利

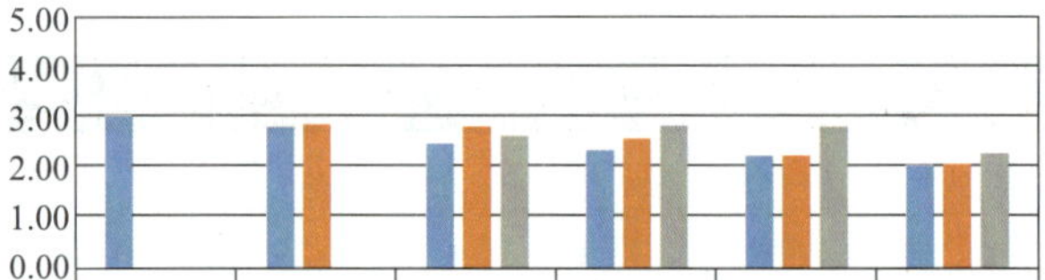

	第一年	第二年	第三年	第四年	第五年	第六年
本地	3.03	2.72	2.38	2.31	2.15	2.04
区域		2.78	2.69	2.50	2.24	2.05
国际			2.54	2.70	2.76	2.27

细分市场P2毛利

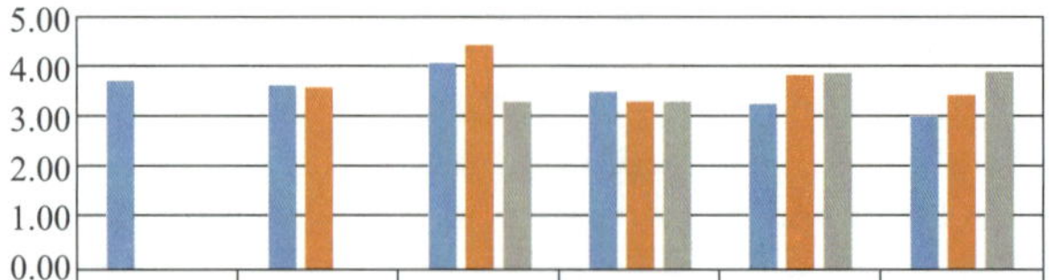

	第一年	第二年	第三年	第四年	第五年	第六年
本地	3.69	3.57	4.05	3.45	3.21	3.00
区域		3.53	4.41	3.35	3.77	3.39
国际			3.24	3.36	3.88	3.89

🔔 **任务3：** 观察细分市场 P1 毛利图和细分市场 P2 毛利图，完成评价表，尝试写下你的发现。

市场	指标		评价		
本地	毛利	总量	小	○○○○○○	大
		波动	小	○○○○○○	大
		走势	下降	○○○○○○	上涨
		变速	缓慢	○○○○○○	迅速
区域	毛利	总量	小	○○○○○○	大
		波动	小	○○○○○○	大
		走势	下降	○○○○○○	上涨
		变速	缓慢	○○○○○○	迅速
国际	毛利	总量	小	○○○○○○	大
		波动	小	○○○○○○	大
		走势	下降	○○○○○○	上涨
		变速	缓慢	○○○○○○	迅速
发现					

🔔 **参考分析：**

本地市场和区域市场 P1 的毛利不断萎缩，国际市场 P1 的毛利有所上升然后又回落，第一年本地市场出现 P1 毛利的最高点。

本地市场和区域市场第三年都出现了 P2 的毛利高峰，其中区域市场 第三年 P2 毛利是全场最高，价格有明显优势，利润丰厚，可以预见广告争夺会比较激烈。第五年和第六年国际市场的毛利有明显上升，其余时间毛利比较稳定。

第四单元　促销策略

通过本单元，我们学会了：

1. 计算盈亏平衡点销售量；
2. 熟悉广告投放的基本策略；
3. 计算广告最高额度。

一、盈亏平衡点销售量

企业经营决策方法可分为定性决策法和定量决策法两大类，企业员工在日常训练中积累了较多的实战经验，能根据所能掌握到的市场和竞争信息，利用已有的认知经验对接下来的运营迅速做出判断，但遇到需要快速做出决策的情形，也比较容易以某个员工的主观看法为主。因此，定量决策法利用多种数学模型，按照科学的程序和理论，一定程度上能降低团队决策对核心成员的主观意见的依赖，用数据说话，能为团队寻找到最优或相对满意的决策方案提供理论依据。

企业想要在市场竞争中脱颖而出，每一步决定都至关重要。企业要利用有限的初始资金，把握好资金规模和扩张速度之间的关系，也是生存和发展的关系。创业之初，创业者很多时候都需要把能借到的钱全部借完，甚至将应收账款贴现，以此填补企业发展的资金缺口，在这种形势下，控制费用也是缓解资金压力的办法之一。在企业经营中，每一年的费用都被当年取得的收入弥补，企业要在生存中至少不亏本，运用盈亏平衡分析进行决策有一定帮助。

计算公式：盈亏平衡点销量 = 总固定成本 ÷（单位售价 – 单位变动成本）

在盈亏平衡分析中，能随着产品的销售量发生增减变动的是变动成本，和产品销量没有关系的是固定成本。在销售目标增加的情况下，投放广告的数额的确应该增加，但广告的数额并不只受产品数量的影响，还有市场上的均价、竞争激烈程度等，不同市场投放相同数额的广告并不一定获取相同金额的订单，选单过程中的不确定因素也很多。此外，广告额的多少除了要考虑是否能选中满意的订单，还要考虑增加的保本的压力，所以在计算中，应将广告作为销售保本的弥补对象之一，列入固定成本。

总固定成本 = 综合费用 + 折旧费用 + 管理费用

单位变动成本 = 单位直接材料 + 单位直接人工（忽略制造费用）

年份	P1			盈亏平衡点计算	
	均价	直接成本	毛利	总固定成本	盈亏平衡点销量（向上取整）
第一年	5.03	2	3.03	15	15 ÷ 3.06=5
第二年	4.74	2	2.74	16	16 ÷ 2.74=6
第三年	4.51	2	2.51	17	17 ÷ 2.51=7
第四年	4.50	2	2.50	18	18 ÷ 2.5=8
第五年	4.45	2	2.45	19	19 ÷ 2.45=8
第六年	4.16	2	2.16	20	20 ÷ 2.16=10

年份	P2			盈亏平衡点计算	
	均价	直接成本	毛利	总固定成本	盈亏平衡点销量（向上取整）
第一年	6.69	3	3.69	15	15 ÷ 3.69=5
第二年	6.55	3	3.55	16	16 ÷ 3.55=5
第三年	6.92	3	3.92	17	17 ÷ 3.92=5
第四年	6.40	3	3.40	18	18 ÷ 3.4=6
第五年	6.57	3	3.57	19	19 ÷ 3.57=6
第六年	6.37	3	3.37	20	20 ÷ 3.37=6

二、广告策略

（一）广告投放的基本策略

广告和获取订单机会紧密联系，从而影响销量和利润，广告投放和选单是企业生产和销售两大部分链接的重要环节，平衡有效的情况是企业内部供给等于需求，即生产等于销售。广告额度是一个弹性相当大的决策，由于所选产品的热门程度、产能多少等因素的影响，广告可以有多种不同的可选策略。广告投放策略主要有以下三种：

	策略	优点	缺点	适合时机
重投	在细分市场上投相对多的广告，选单名次靠前	优先选单，拿到交货期和数量有优势的订单，保障出货	成本高	交货数量大；想拿交货期4Q的订单；最后一年产品竞争激烈，出货压力大；毛利高
平投	投入适量的广告，获得中间的选单位次	节约资金，适合资金紧张的情况	可能拿到交货期和数量不满意的订单	交货数量较大；市场差异较小，无主次；出货压力不大，不要求交货期
蹭投	投入很少的广告，排在最后位次选单	广告投入产出比高，效率高，损失小	大概率拿到劣势订单，订单的交货数量、价格和账期没有保障	准确掌握选单人数和订单数量等相关信息；订单量多于出货量；分析得出某个数量大的单子其他企业无法交货，而自己可以

广告投放是一个投放策略的组合问题，三种策略合理搭配做到优缺点的互补，制定合理的广告策略，需要在高风险与低收益之间做出“灵性”的选择。

（二）广告最高额度计算

在前面的细分市场分析中，我们可以推测在利润的高点可能引来大部分小组抢夺利润，从而使得广告成本提升，但盲目提升广告并不可行。预算阶段，先将产品以相应交货期交出，算出利润，然后再根据利润填写广告额度，建议广告的最高额度为利润为零时的广告费用。

举例：

年份	市场	产品	数量	价格	收入	账期	编号
第二年	本地	P1	4	4.7	19	2	LP1-11
第二年	本地	P2	3	5	15		LP2-03
第二年	区域	P1	3	4.5	14		RP1-07
第二年	区域	P2	2	6	12	1	RP2-08

假设除广告外的其他固定成本为16，广告最高额度 =（19+15+14+12）-（7×2+5×3）-16=15，如果我们认为能够做到在广告承受能力内卖完我们所有的产品，并且有很大可能以更低的广告卖完所有产品，那么说明这个产品组合可以

作为一个备选方案。

市场是消费者的合集，只有符合市场需求的企业才能生存下去，准确的市场分析是方案制胜的关键。市场总监要用数据说话，真真正正读懂市场预测，充分了解市场，把握各产品需求量的变化趋势，从容面对市场，并对市场做出快速反应，把握商业机会，让企业的销售与产能匹配，尽可能实现现有条件下的利润最大化与风险最小化，灵活应变的企业会赚得盆满钵满。

市场预测表——均价

序号	年份	产品	本地	区域	国际
1	第一年	P1	5.03		
2	第一年	P2	6.69		
3	第二年	P1	4.72	4.78	
4	第二年	P2	6.57	6.53	
5	第三年	P1	4.38	4.69	
6	第三年	P2	7.05	7.41	6.24
7	第四年	P1	4.31	4.50	4.70
8	第四年	P2	6.45	6.35	6.36
9	第五年	P1	4.15	4.24	4.76
10	第五年	P2	6.21	6.77	6.88
11	第六年	P1	4.04	4.05	4.27
12	第六年	P2	6.00	6.39	6.89

市场预测表——需求量

序号	年份	产品	本地	区域	国际	总计
1	第一年	P1	62	0	0	62
2	第一年	P2	16	0	0	16
3	第二年	P1	65	23	0	88
4	第二年	P2	28	32	0	60
5	第三年	P1	53	32	35	120
6	第三年	P2	43	34	33	110
7	第四年	P1	45	24	40	109

续表

序号	年份	产品	本地	区域	国际	总计
8	第四年	P2	60	34	42	136
9	第五年	P1	34	21	46	101
10	第五年	P2	63	35	51	149
11	第六年	P1	24	21	52	97
12	第六年	P2	66	38	45	149

市场预测表——订单张数

序号	年份	产品	本地	区域	国际	总计
1	第一年	P1	16	0	0	16
2	第一年	P2	6	0	0	6
3	第二年	P1	16	10	0	26
4	第二年	P2	9	13	0	22
5	第三年	P1	15	9	10	34
6	第三年	P2	14	12	10	36
7	第四年	P1	15	8	13	36
8	第四年	P2	14	12	12	38
9	第五年	P1	12	8	12	32
10	第五年	P2	15	10	14	39
11	第六年	P1	10	8	14	32
12	第六年	P2	16	10	12	38

模块五

数据说话

模块五
数据说话

情境导入

《孙子兵法·计篇》：夫未战而庙算胜者，得算多也；未战而庙算不胜者，得算少也。多算胜，少算不胜，而况无算乎！吾以此观之，胜负见矣。

孙子兵法中这段话意思是：未开战之前就能预料取胜的，是因为筹划周密，条件充分；未开战而估计取胜把握小，是具备取胜的条件少。条件充分取胜把握就大，准备不充分就会失败。何况一点条件也不具备的呢！我根据这些来观察战争，胜败也就清楚了。

商场如战场，企业经营也需讲求知己知彼，百战不殆。在激烈的市场竞争中，企业财务总监需根据多个财务指标做科学、精细的财务数据分析，从而帮助企业管理层做出最优的经营决策……

思维导图

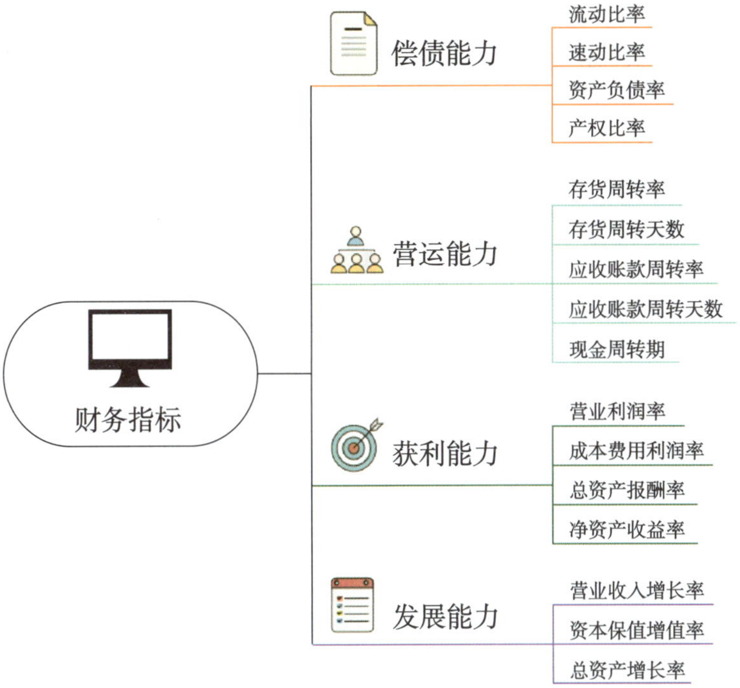

第一单元　财务指标

通过本单元，我们学会了：

1. 认知企业经营过程中的财务指标；
2. 知晓偿债能力财务指标的计算；
3. 知晓获利能力财务指标的计算；
4. 知晓发展能力财务指标的计算。

预学导知

一、认知财务指标

预学思考：

1. 企业经营过程中主要有哪些财务指标？

2. 各财务指标主要分析企业的哪方面能力？

财务指标是指企业总结和评价财务状况和经营成果的相对指标，中国《企业财务通则》中为企业规定的三种财务指标为：偿债能力指标，包括资产负债率、流动比率、速动比率；营运能力指标，包括应收账款周转率、存货周转率；盈利能力指标，包括资本金利润率、销售利润率（营业收入利税率）、成本费用利润率等。

填写财务指标

类型	指标	公式	值
偿债能力	流动比率	流动资产/流动负债*100%	0
	速动比率	速动资产/流动负债*100%	0
	资产负债率	负债总额/资产总额*100%	0
	产权比率	负债总额/所有者权益总额*100%	0
获利能力	营业利润率	营业利润/营业收入*100%	0
	成本费用利润率	利润总额/成本费用总额*100%	0
	总资产报酬率	息税前利润总额/平均资产总额*100%	0
	净资产收益率	净利润/平均净资产*100%	0
发展能力	营业收入增长率	本年营业收入增长额/上年营业收入*100%	0
	资本保值增值率	年末所有者权益总额/年初所有者权益总额*100%	0

本年结束　保存

二、知晓财务指标的计算

1. 偿债能力指标

短期偿债能力指标

（1）流动比率 = 流动资产合计 / 流动负债合计 ×100%

（2）速动比率 =（季末现金 + 应收账款）/ 流动负债合计 ×100%

其中：速动资产 = 货币资金 + 交易性金融资产 + 应收账款 + 应收票据

长期偿债能力指标

（1）资产负债率 = 负债总额 / 资产总额 ×100%

（2）产权比率 = 负债总额 / 所有者权益总额 ×100%

2. 营运能力指标

资产周转率（周转次数）= 周转额 / 资产平均余额

资产周转期（周转天数）= 计算期天数 / 周转次数 = 资产平均余额 × 计算期天数 / 周转额

3. 获利能力指标

（1）营业利润率 = 折旧前利润 / 营业收入 ×100%

（2）成本费用利润率 =（折旧前利润 − 营业外支出）/（营业成本 + 综合费用 + 财务费用）×100% 其中，成本费用总额 = 营业成本 + 营业税金及附加 + 销售费用 + 管理费用 + 财务费用

（3）总资产报酬率 = 息税前利润总额 / 平均资产总额 ×100%

其中，息税前利润总额 = 利润总额 + 利息支出

（4）净资产收益率 = 净利润 / 平均净资产 ×100%

4. 发展能力指标

（1）营业收入增长率 = 本年营业收入增长额 / 上年营业收入 ×100%

（2）资本保值增值率 = 扣除客观因素后年末所有者权益总额 / 年初所有者权益总额 ×100%

（3）总资产增长率 = 本年总资产增长额 / 年初资产总额 ×100%

实战导练

财务指标的计算

【计算举例】某公司 202× 年利润表、资产负债表见下表，请根据资料内容计算相关财务指标。

利润表（简表） 单位：元

项目	行次	上年累计数	本年累计数
销售收入	1	2329545	4303082
直接成本	2	1020000	1880000
毛利	3	1309545	2423082
综合费用	4	450981	898096
折旧前利润	5	858564	1524986
折旧	6	70000	100000
支付利息前利润	7	788564	1424986
财务费用	8	76237	28800
营业外收支	9	0	0
税前利润	10	712327	1396186
所得税	11	118082	349047
净利润	12	594245	1047139

资产负债表（简表） 单位：元

资产	期初数	期末数	负债和所有者权益	期初数	期末数
现金	538110	1091804	银行贷款	720000	1876000
应收款	344217	1984627	应交税金	118082	349047
在制品	370000	500000			
成品	150000	80000			
原料	30000	50000			
流动资产合计	1432327	3706431	负债合计	838082	
土地和建筑	0	0	股东资本	600000	600000
机器与设备	360000	260000	利润留存	−240000	354245
在建工程	1792327	260000	年度净利	594245	1047139
固定资产合计	538110	520000	所有者权益合计	954245	2001384
资产总计	344217	4226431	负债和所有者权益合计	1792327	4226431

（1）流动比率 = 流动资产合计 / 流动负债合计

=3706431/2225047≈1.67

（2）速动比率 =（季末现金 + 应收账款）/ 流动负债合计

=（1091804+1984627）/2225047×100%≈1.38

（3）资产负债率 = 负债总额 / 资产总额

=2225047/4226431≈0.53

（4）产权比率 = 负债总额 / 所有者权益总额

=2225047/2001384≈1.11

（5）营业利润率 = 折旧前利润 / 营业收入

=1524986/4303082≈0.35

（6）成本费用利润率 =（折旧前利润 – 营业外支出）/（营业成本 + 综合费用 + 财务费用）=（1524986–0）/（1880000+898096+28800）≈0.54

（7）总资产报酬率 = 息税前利润总额 / 平均资产总额

=1424986/［（344217+4226431）/2］≈0.47

（8）净资产收益率 = 净利润 / 平均净资产

=1047139/［（954245+2001384）/2］≈0.71

（9）营业收入增长率 = 本年营业收入增长额 / 上年营业收入

=（4303082–2329545）/2329545≈0.85

（10）资本保值增值率 = 年末所有者权益总额 / 年初所有者权益总额

=2001384/954245≈2.1

（11）总资产增长率 = 本年总资产增长额 / 年初资产总额

=（4226431–344217）/344217≈1.36

拓练导学

【练习】请根据给定的某公司 202× 年利润表、资产负债表资料计算相关财务指标。

利润表（简表） 单位：元

项目	行次	上年累计数	本年累计数
销售收入	1	5452989	2390000
直接成本	2	2180000	3377575
毛利	3	3272989	1324327
综合费用	4	1182516	2053248
折旧前利润	5	2090473	90000
折旧	6	100000	1963248

续表

项目	行次	上年累计数	本年累计数
利息前利润	7	1990473	66844
财务费用	8	75040	−60000
营业外收支	9		1836404
税前利润	10	1915433	459101
所得税	11	478858	1377303
净利润	12	1436575	1047139

资产负债表（简表） 单位：元

资产	期初数	期末数	负债和所有者权益	期初数	期末数
现金	2402421	8780778	银行贷款	1671090	6875918
应收款	2035486	3039503	应交税金	478858	459101
在制品	600000				
成品	80000				
原料	50000	90000			
流动资产合计	5167907	11910281	负债合计	2149948	7335019
土地和建筑	0		股东资本	600000	600000
机器与设备	420000	240000	利润留存	1401384	2837959
在建工程	0		年度净利	1436575	1377303
固定资产合计	420000	240000	所有者权益合计	3437959	4815262
资产总计	5587907	12150281	负债和所有者权益合计	5587907	12150281

（1）流动比率＝

（2）速动比率＝

（3）资产负债率＝

（4）产权比率＝

（5）营业利润率＝

（6）成本费用利润率＝

（7）总资产报酬率＝

（8）净资产收益率＝

（9）营业收入增长率＝

（10）资本保值增值率＝

（11）总资产增长率＝

第二单元　数据分析

通过本单元，我们学会了：

1. 能利用财务指标简单分析企业偿债能力；
2. 能利用财务指标简单分析企业营运能力；
3. 能利用财务指标简单分析企业获利能力；
4. 能利用财务指标简单分析企业发展能力。

一、知晓财务指标的作用

1. 偿债能力指标

（1）流动比率：

一般情况下，流动比率越高，短期偿债能力越强，从债权人角度看，流动比率越高越好；从企业经营者角度看，过高的流动比率，意味着机会成本的增加和获利能力的下降。

（2）速动比率：

一般情况下，速动比率越高，企业偿债能力越强；但却会因企业现金及应收账款占用过多而大大增加企业的机会成本。

（3）资产负债率：

一般情况下，资产负债率越小，表明企业长期偿债能力越强；对企业所有者来说，该指标过小表明对财务杠杆利用不够；企业的经营决策者应当将偿债能力指标与获利能力指标结合起来分析。

（4）产权比率：

一般情况下，产权比率越低，企业的长期偿债能力越强，但也表明企业不能充分地发挥负债的财务杠杆效应。

2. 营运能力指标

营运能力主要用资产的周转速度来衡量，一般来说，周转速度越快，资产的使用效率越高，则营运能力越强。资产周转速度通常用周转率和周转期（周转天数）来表示。

3. 获利能力指标

（1）营业利润率：

该指标越高，表明企业市场竞争力越强，发展潜力越大，盈利能力越强。

（2）成本费用利润率：

一般情况下，该指标越高，表明企业为取得利润而付出的代价越小，成本费用控制得越好，盈利能力越强。

（3）总资产报酬率：

一般情况下，该指标越高，表明企业的资产利用效益越好，整个企业盈利能力越强。

（4）净资产收益率：

一般认为，净资产收益率越高，企业自有资本获取收益的能力越强，运营效益越好，对企业投资人、债权人的保证程度越高。

4. 发展能力指标

（1）营业收入增长率：

营业收入增长率大于零，表示企业本年营业收入有所增长，指标值越高表明增长速度越快，企业市场前景越好。

（2）资本保值增值率：

一般认为，资本保值增值率越高，表明企业的资本保全状况越好，所有者权益增长越快，债权人的债务越有保障。该指标通常应大于 100%。

（3）总资产增长率：

该指标越高，表明企业一定时期内资产经营规模扩张的速度越快；分析时，需要关注资产规模扩张的质和量的关系，以及企业的后续发展能力，避免盲目扩张。

实战导练

财务指标分析

【案例分析】甲、乙两家公司为市场直接竞争对手，202× 年度两公司财务指标数据如下，请根据财务指标分别对两家公司偿债能力、获利能力、发展能力、营运能力进行分析？

		甲公司	乙公司
偿债能力	流动比率	1.99	1.5
	速动比率	1.74	1.19
	资产负债率	0.46	0.55
	产权比率	0.85	1.23
获利能力	营业净利润率	0.35	0.35
	成本费用率	0.5	0.52
	资产报酬率	0.33	0.43
	净资产收益率	0.42	0.6
发展能力	营业收入增长率	0.52	0.68
	资本保值增值率	1.52	1.85
	总资产增长率	0.31	1.26
营运能力	存货周转率	4.45	3.39
	存货周转天数	82.02	107.67
	应收账款周转率	1.65	3.57
	应收账款周转天数	221.21	102.24
	现金周转期	303.23	209.91

偿债能力分析：甲公司流动比率、速动比率均比乙公司高，因此可以看出甲公司短期偿债能力比乙公司强；甲公司资产负债率、产权比率均比乙公司低，因此可以看出甲公司长期偿债能力比乙公司强。

获利能力分析：甲公司营业收入增长率与乙公司相同，成本费用率相差不大，但乙公司资产报酬率及净资产收益率均高于甲公司，因此乙公司有更好的获利能力，运营效益更好。

发展能力分析：乙公司无论是营业收入增长率、资本保值增值率还是总资产增长率均比甲公司好，说明乙公司市场前景更好，债权人的债务更有保障，乙公司发展速度更快，但需要关注资产规模扩张的质和量的平衡，需谨防盲目扩张带来的风险。

营运能力分析：甲公司存货周转率、存货周转天数指标比乙公司好，说明甲公司存货占用水平更低，流动性更强，存货能快速转换为现金、应收账款；乙公司应收账款周转率、应收账款周转天数、现金周转期比甲公司好，说明乙公司应收账款变现的速度更快，资金被外单位占用的时间更短，管理工作的效率更高。

拓练导学

【案例练习】蓝天公司和白云公司为两家市场直接竞争对手公司，202× 年度两公司财务指标数据如下，请根据财务指标分别对两家公司偿债能力、获利能力、发展能力、营运能力进行分析？

财务指标 \ 公司名称		蓝天公司	白云公司
偿债能力	流动比率	1.48	1.97
	速动比率	1.21	1.71
	资产负债率	0.54	0.42
	产权比率	1.26	0.87
获利能力	营业净利润率	0.36	0.36
	成本费用率	0.5	0.5
	资产报酬率	0.46	0.29
	净资产收益率	0.56	0.39
发展能力	营业收入增长率	0.66	0.48
	资本保值增值率	1.82	1.56
	总资产增长率	1.23	0.28
营运能力	存货周转率	3.36	4.48
	存货周转天数	104.48	88.04
	应收账款周转率	3.58	1.55
	应收账款周转天数	101.28	201.6
	现金周转期	202.98	298.88

学练导评

日期：________________

岗位：________________

总经理　财务总监　采购总监　生产总监　市场总监

星级评分表

教学环节	项目	评分项目	星级
预学导知			
	1. 企业经营过程中主要有哪些财务分析指标？		
	2. 各财务指标主要分析企业的哪方面能力？		
实战导练			
	流动比率	计算公式 =	
	指标分析：		
	速动比率	计算公式 =	
	指标分析：		
	资产负债率	计算公式 =	
	指标分析：		
	产权比率	计算公式 =	
	指标分析：		
	周转率（周转次数）	计算公式 =	
	周转期（周转天数）	计算公式 =	
	指标分析：		
	营业利润率	计算公式 =	
	指标分析：		
	成本费用利润率	计算公式 =	
	指标分析：		
	总资产报酬率	计算公式 =	
	指标分析：		
	净资产收益率	计算公式 =	
	指标分析：		
	营业收入增长率	计算公式 =	
	指标分析：		
	资本保值增值率	计算公式 =	
	指标分析：		
	总资产增长率		
	指标分析：		

续表

教学环节	项目	评分项目	星级
拓练导学	1 分析蓝天公司和白云公司的偿债能力？		
	2 分析蓝天公司和白云公司的获利能力？		
	3 分析蓝天公司和白云公司的发展能力？		
	4 分析蓝天公司和白云公司的营运能力？		

注：5 颗星代表优秀、4 颗星代表良好、3 颗星代表达标，未完成没有星，星级越高，代表可以获得的薪酬越高，按平均分评选星级，如共 10 个项目，获得 40 颗星，即 40 ÷ 10=4，获得 4 星底薪。

模块六

案例拓展

模块六 案例拓展

情境导入

商场如战场，企业如何在纷繁复杂的环境中立于不败之地，需要经营管理者的智慧。

在企业的经营中，需要经营管理者智慧的因素包括商业规则、市场环境、企业内部管理和文化建设等方面。具体来说，经营管理者需要了解和掌握市场动态，进行市场预测和新产品研发，开拓新市场；同时还需要通过新媒体进行产品宣传，做好产品的控制与创新。

此外，企业内部管理也需要经营管理者的智慧，包括组织架构调整、人力资源管理、财务风险控制等方面。

情境导入

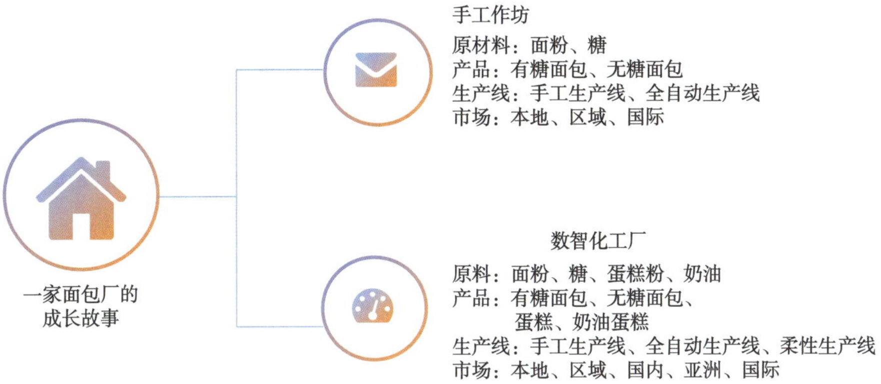

第一单元　传统作坊——接手面包坊

通过本单元，我们学会了：

1. 熟练掌握并运用企业规则；

2. 根据规则，做好市场分析与预测；

3. 各岗位运用规则，进行模拟经营；

4. 各岗位根据经营填写运行记录表及摆盘实训；

5. 市场总监投放广告及登记订单；

6. 财务总监填写综合费用表、利润表、资产负债表等。

预学导知

一、规则认知

📖 **案例一：**接手一家传统的面包坊（使用 AI 文心一言的面包坊小故事）

这家小面包作坊，名为“香＊园面包坊”，坐落在城市的一条充满生活气息的小巷中。它不仅仅是一个生产面包的地方，更是一个承载着传统手艺与温馨情感的社区小站。

作坊是李师傅开创的，他拥有多年的面包烘焙经验，对面包的制作有着近乎痴迷的热爱。他坚持使用传统的制作工艺和天然的原料，致力于打造出健康、美味的面包。李师傅的儿子李小明在高职院校学习食品智能加工技术，毕业后接手面包坊，小明不仅带来了新技术，而且对作坊的每一个员工都如同家人一般，他时常鼓励大家发挥创意，一起研发新的面包口味。

生产工人是作坊的核心力量，他们是一群年轻而富有活力的年轻人。他们每天早早地来到作坊，开始忙碌的一天。从和面、发酵、成型到烘烤，每一个步骤都需要他们精心操作。他们熟练掌握各种面包的制作技巧，能够根据不同的原料和配方，制作出各种口感和风味的面包。

采购员是作坊的“大管家”，他负责选购优质的原料和食材。他时常穿梭于市场和供应商之间，寻找最新鲜、最健康的原料。他深知原料的质量直接关系到面包的口感和品质，因此他总是严格把关，确保每一批原料都符合作坊的要求。

业务员则是作坊的“外交官”，他们负责将作坊的面包销售到各个角落。他们与各大超市、餐厅和咖啡馆建立了长期的合作关系，同时也积极开展线上销售，让更多的人能够品尝到作坊的美味面包。他们时常与客户沟通，了解市场需求和反馈，为作坊的产品研发提供宝贵的建议。

财会人员则是作坊的“大账房”，他们负责记录每一笔收入和支出，确保作坊的财务状况清晰明了。他们精通财务管理和会计知识，能够为作坊提供准确的财务报告和预算分析。他们的辛勤工作为作坊的稳健发展提供了有力的保障。

在“香＊园面包坊”这个温馨的大家庭中，每个人都发挥着不可或缺的作用。他们共同努力，用心制作每一款面包，用真诚服务每一位客户。作坊的面包不仅美味可口，更蕴含着一份对生活的热爱和对传统的坚守。

（一）规则指南说明

企业简介：这是一家注册资本为 20 万元的小微企业，主要生产的产品：有糖、无糖两种面包，所使用的原材料有：面粉、白糖。

企业资产状况如下：一条全自动生产线（已使用 2 年，购入价 12 万元，计提折旧 2 万元 / 年，净值为 8 万元），有 1 个在制品（无糖面包）、2 个产成品（无糖面包）、一个原材料（面粉），有一个原材料（面粉）订单，有现金 26 万元，应收款 10 万元，银行借款 20 万元，已经拥有生产无糖面包的资格、拥有本地市场准入证。

（二）模拟期初摆盘

1. 接收面包作坊

（1）生产中心：

设备：全自动生产线一条，净值 8 万元（全新 12 万元）；

在制品：价值 2 万元 P1 在制品 1 个。

（2）物流中心：

采购中心：R1 原料 1 个、价值 1 万元，R1 订单 1 个。

产品库存：价值 2 万元的 P1 产品 2 个。

（3）财务中心：

银行借款 20 万元（Q3）；现金 26 万元；应收账款 10 万元（2 期）。

（4）营销与规划中心：

已取得 P1 生产资格；已拥有本地市场准入证。

2. 开始摆盘

微课导学：

期初摆盘

（三）规则说明

关注场景化企业经营模拟沙盘公众号，并在公众号的对话框输入下面的关键词，如：贷款，自动回复如下表。

岗位	输入关键词	自动回复
财务总监	注册资金	20 万元
	贷款	短期贷款，每次可贷款 20 万或 40 万元，最多贷款不能超过 120 万元（整个盘面上的贷款不能超过 6 桶，每桶 20 万元）；贷款周期为 4 季度（Q），如：今年一季度借，明年一季度还，到期还本付息
	利息	短期贷款，年利率 5%，1 年到期，一次还本付息。如：第一年一季度借 20 万元，第二年一季度还本 20 万元，还利息 1 万元
	贴现	应收款随时可以贴现，即提前提取现金，应收款数额 10 : 1 变现时贴息，如：10 万元应收款，贴现可以拿到 9 万元现金，1 万元放到贴息
	综合费用	每季度支付 1 万元
	维修费	设备维修费，只要设备完成安装，不论是否生产，每年年底都需要交纳维修费 1 万元 / 条
	所得税	弥补亏损后纳税。按税前利润的 1/3 征收所得税。所得税 = 税前利润 /3 向下取整（税前利润 4 万元，则 4/3=1.33 万元，向下去掉小数点，所得税为 1 万元）
	净利润	净利润 = 税前利润 − 所得税
	利润留存	利润留存 = 上一年的利润留存 + 上一年的年度净利
采购总监	原材料	R1（面粉）、R2（糖）均为 1 万元 / 个，提前 1 个季度预订，先订后买。
生产总监	全自动生产线	购买 1 条全自动生产线费用 12 万元，安装周期 1 个季度，如：第一季度购买 1 条全自动生产线，先将生产线反面（白色）朝上放在盘面上，第二季度再翻过来生产，即第一季度购买 1 条生产线的产能是 2 个产品，因为第一季度安装，第二季度生产，第三季度下线 1 个产品，第四季度再下线 1 个产品，共 2 个产品
	P2 生产资格	分 2 个季度，2 万元 / 季，生产资格证 1 万元，共 5 万元
	折旧	全自动生产线每年年末从生产线净值中提取 2 万元，当净值为 4 万元时，不用再提取折旧
	P1 成本	P1=1 万元（R1）+1 万元（人工费）=2 万元
	P2 成本	P2=1 万元（R1）+1 万元（R2）+1 万元（人工费）=3 万元
市场总监	交货	一年之内的任何交货期均可交货
	违约	当年扣除该订单销售额的 25% 作违约金，向上取整，违约金计入综合费用——其他
	区域	当年开发完成，开发费用 1 万元
	国际	每年 1 万元，分两年开发，共 2 万元，完成后，即可使用
	广告费	在不同的市场或不同的产品，投入 1 万元有 1 次选单的权利，以后在相同市场每多投 2 万元增加 1 次选单的机会。如：投 P1 产品本地市场 1 万元，1 张单；投 P1 产品本地市场 3 万元，2 张单；投 P1 产品本地市场 5 万元，3 张单，依此类推

二、填写期初资产负债表

资产负债表 单位：万元

资产	期末数	负债和所有者权益	期初数	期末数
现金	26	银行贷款		20
应收款	10	应交税金		2
在制品	2			
成品	4			
原料	1			
流动资产合计	43	负债合计		22
土地和建筑	30	股东资本		50
机器与设备	8	利润留存	2	5
在建工程	0	年度净利	3	4
固定资产合计	38	所有者权益合计		59
资产总计	81	负债和所有者权益合计		81

三、分项训练

（一）购买原材料

采购总监按订单购买，并完成盘面推演，填写运行记录表。

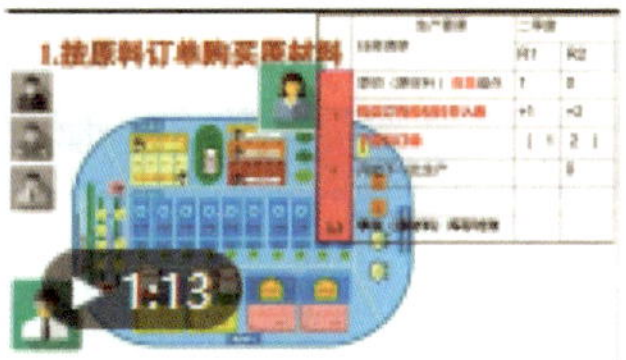

购买原材料

（二）开始下一批生产微课视频

请各组生产总监按订单购买，并完成盘面推演，填写运行记录表。

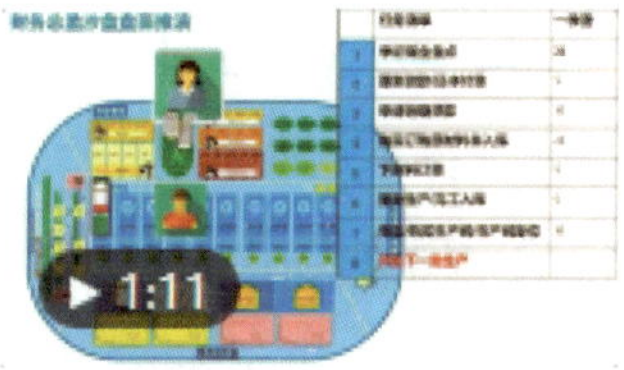

开始下一批生产

（三）购产销运行记录——生产一个面包的故事

请各组采购总监、生产总监、市场总监按要求，完成盘面推演，填写运行记录表。

生产一个面包的故事

四、物理摆盘及填写运行表说明

1. 参加订货会

（1）教学年广告投放：

市场总监投放广告，填写广告登记表，参加订货会，准备抢单。

教学年广告登记表

	本地		区域		国际		广告合计
	P1	P2	P1	P2	P1	P2	
教学年	3	0					3

（2）填写订单登记表：

教学年订单登记表

P1 订单

序号	订单号	数量	账期	销售收入	直接成本	毛利	交单季度
1	LP1-01	3	2 季	13			
2	LP1-05	4		18			
合计							

2. 各总监登记期初余额，并进行四个季度运行

教学年运行记录公众号编码指南使用说明：

扫码关注公众号；在公众号对话框输入下面的编码，如：教学年第一季度步骤 1，即 1–1。

3. 摆盘及运行记录微课编码表（课程公众号）

扫码进入课程公众号，每个季度对应的任务清单，如第一季度第一个任务，即 1-1，系统自动回复该任务的摆盘及运行记录微课编码表。

表 1　教学年 1-3 季度摆盘及运行记录微课编码

	任务清单	一季度	二季度	三季度	四季度
1	季初现金盘点	1-1	2-1	3-1	
2	更新贷款 / 还本付息	1-2	2-2	3-2	
3	申请贷款	1-2	2-3	3-3	
4	购买订购的原材料并入库	1-4	2-4	3-4	
5	下原料订单（R1，R2）	1-4	2-4	3-4	
6	更新生产 / 完工入库数量（P1，P2）	1-6	2-6	3-6	
7	变卖生产线 / 购买生产线 / 生产线到位	1-7	2-7	3-7	
8	开始下一批生产（P1，P2）	1-8	2-8	3-8	
9	更新应收款 / 应收款收现（C，N）	1-9	2-9	3-9	
10	按订单交货	1-10	2-10	3-10	
11	产品研发投资	1-11	2-11	3-10	
12	支付行政管理费	1-11	2-12	3-10	
13	季末现金对账		2-13	3-13	

五、市场订单

第一年本地市场订单

P1					P2				
数量	价格	收入	账期	编号	数量	价格	收入	账期	编号
3	5	15		LP1-01	4	6	24		LP2-01
4	5	20		LP1-02	2	6.5	13		LP2-02
2	5	10		LP1-03	1	7	7		LP2-03
6	5	30		LP1-04	2	6.8	13		LP2-04
4	5	20		LP1-05	4	7.2	28		LP2-05
3	5	15		LP1-06	3	7.5	22		LP2-06
2	5	10		LP1-07					
1	5	5		LP1-08					
5	5	25		LP1-09					
4	5.2	21		LP1-10					
7	5	35		LP1-11					
5	5.1	26		LP1-12					

续表

P1					P2				
数量	价格	收入	账期	编号	数量	价格	收入	账期	编号
6	5	30		LP1-13					
3	5	15		LP1-14					
3	4.9	15		LP1-15					
4	4.9	20		LP1-16					

第二年本地市场订单

P1					P2				
数量	价格	收入	账期	编号	数量	价格	收入	账期	编号
6	5	30	1	LP1-01	3	7.5	23	1	LP2-01
4	4.8	19		LP1-02	2	7	14	2	LP2-02
3	4.3	13	1	LP1-03	3	5	15		LP2-03
2	5	10	1	LP1-04	4	7.4	30	1	LP2-04
3	4.3	13	1	LP1-05	3	6	18	1	LP2-05
3	5	15	1	LP1-06	3	6.6	20	2	LP2-06
6	4.5	27		LP1-07	5	6.5	33	1	LP2-07
3	4.5	14	1	LP1-08	3	6	18	1	LP2-08
5	4.7	24	1	LP1-09	2	6.5	13		LP2-09
3	5.1	15		LP1-10					
4	4.7	19	2	LP1-11					
8	4.5	36		LP1-12					
5	4.8	24	1	LP1-13					
3	5.1	15		LP1-14					
4	4.8	19	1	LP1-15					
3	4.8	14		LP1-16					

第二年区域市场订单

P1					P2				
数量	价格	收入	账期	编号	数量	价格	收入	账期	编号
2	4.5	9	1	RP1-01	3	6.7	20	1	RP2-01
3	4.8	14	1	RP1-02	2	6.5	13	2	RP2-02
1	5	5		RP1-03	2	6.5	13	2	RP2-03
2	5.2	10	1	RP1-04	1	7	7	1	RP2-04
1	5	5	1	RP1-05	3	6	18		RP2-05
2	5	10	1	RP1-06	3	6.5	20	1	RP2-06
3	4.5	14		RP1-07	3	6.8	20	2	RP2-07

续表

P1					P2				
数量	价格	收入	账期	编号	数量	价格	收入	账期	编号
2	5	10	2	RP1-08	2	6	12	1	RP2-08
3	5.1	15		RP1-09	2	6.8	14	2	RP2-09
4	4.5	18	2	RP1-10	4	6.8	27	1	RP2-10
					3	6.4	19	1	RP2-11
					2	6.5	13		RP2-12
					2	6.5	13	2	RP2-13

第三年本地市场订单

P1					P2				
数量	价格	收入	账期	编号	数量	价格	收入	账期	编号
3	4.5	14	2	LP1-01	3	7.2	22	1	LP2-01
4	4.6	18	2	LP1-02	4	7.2	29	2	LP2-02
3	4.5	14	2	LP1-03	2	7	14		LP2-03
4	4.3	17		LP1-04	3	6.5	20	2	LP2-04
6	4	24	1	LP1-05	3	6.2	19	2	LP2-05
1	5	5		LP1-06	3	6.3	19	1	LP2-06
2	4.2	8	1	LP1-07	5	7.3	37	2	LP2-07
5	4.3	22	2	LP1-08	2	7	14	1	LP2-08
4	5	20	1	LP1-09	1	7	7		LP2-09
3	4.6	14		LP1-10	3	7	21	2	LP2-10
5	4.4	22	2	LP1-11	4	7.2	29	1	LP2-11
3	4.1	12	1	LP1-12	3	7.2	22	2	LP2-12
3	4.4	13	2	LP1-13	2	7	14	1	LP2-13
4	4.2	17		LP1-14	5	7.1	36	2	LP2-14
3	4.1	12	2	LP1-15					

第三年区域市场订单

P1					P2				
数量	价格	收入	账期	编号	数量	价格	收入	账期	编号
5	4.5	23	1	RP1-01	4	7.5	30	2	RP2-01
4	5	20	2	RP1-02	2	7.8	16	4	RP2-02
3	4	12	2	RP1-03	3	7.3	22	2	RP2-03
4	4.6	18	2	RP1-04	3	7.2	22	1	RP2-04
6	5	30	2	RP1-05	2	7	14		RP2-05
2	5	10		RP1-06	3	7.5	23	2	RP2-06

续表

P1					P2				
数量	价格	收入	账期	编号	数量	价格	收入	账期	编号
3	4.8	14	2	RP1-07	2	7	14		RP2-07
2	5	10	1	RP1-08	1	7	7	1	RP2-08
3	4.4	13	1	RP1-09	3	7.6	23	1	RP2-09
					4	7.2	29	2	RP2-10
					2	7.5	15	1	RP2-11
					5	7.3	37	2	RP2-12

第三年国际市场订单

P1					P2				
数量	价格	收入	账期	编号	数量	价格	收入	账期	编号
4	4.7	19	1	DP1-01	4	5.8	23	2	DP2-01
3	4.3	13	2	DP1-02	3	6.2	19	1	DP2-02
4	5	20	1	DP1-03	3	6.4	19	1	DP2-03
5	4.3	22	2	DP1-04	2	6	12	2	DP2-04
3	4.5	14	2	DP1-05	6	5.8	35	2	DP2-05
2	4	8	1	DP1-06	5	6	30	2	DP2-06
4	4.7	19	2	DP1-07	4	6.5	26	1	DP2-07
3	4.5	14		DP1-08	3	7	21	1	DP2-08
1	5	5	2	DP1-09	2	7	14		DP2-09
6	4.2	25		DP1-10	1	7	7	2	DP2-10

第四年本地市场订单

P1					P2				
数量	价格	收入	账期	编号	数量	价格	收入	账期	编号
1	4	4	1	LP1-01	4	6.2	25	1	LP2-01
3	4.4	13	1	LP1-02	5	6.7	34	2	LP2-02
2	4	8		LP1-03	4	6	24		LP2-03
3	4.6667	14	3	LP1-04	3	6.5	20	1	LP2-04
4	4.5	18	2	LP1-05	4	6.2	25	2	LP2-05
2	4.5	9	2	LP1-06	6	6.4	38	2	LP2-06
5	4	20	1	LP1-07	3	6.3	19		LP2-07
3	4	12	2	LP1-08	4	6.6	26	1	LP2-08
3	4	12	1	LP1-09	3	6.3	19	2	LP2-09
4	4.1	16	1	LP1-10	5	6.5	33	1	LP2-10
2	5	10		LP1-11	6	6.6	40		LP2-11

续表

P1					P2				
数量	价格	收入	账期	编号	数量	价格	收入	账期	编号
4	4.5	18	1	LP1-12	5	6.4	32	2	LP2-12
5	4.3	22	2	LP1-13	3	6.3	19	1	LP2-13
2	4.3	9	2	LP1-14	5	6.5	33	2	LP2-14
2	4.3	9	1	LP1-15					

第四年区域市场订单

P1					P2				
数量	价格	收入	账期	编号	数量	价格	收入	账期	编号
3	4.5	14	1	RP1-01	4	6.5	26		RP2-01
4	4.5	18	2	RP1-02	2	6.5	13		RP2-02
2	5	10	2	RP1-03	5	6.2	31	2	RP2-03
4	4	16		RP1-04	1	7	7	2	RP2-04
1	5	5	2	RP1-05	3	6.3	19	1	RP2-05
5	4.3	22	1	RP1-06	2	6	12		RP2-06
3	4.5	14	1	RP1-07	3	6.4	19	3	RP2-07
2	4.3	9	2	RP1-08	1	6	6		RP2-08
					2	6.6	13	1	RP2-09
					4	6.4	26	2	RP2-10
					3	6.5	20		RP2-11
					4	6	24	2	RP2-12

第四年国际市场订单

P1					P2				
数量	价格	收入	账期	编号	数量	价格	收入	账期	编号
5	4.5	23	2	DP1-01	3	6.5	20	2	DP2-01
4	4.7	19	2	DP1-02	1	7	7		DP2-02
1	5	5	1	DP1-03	6	6.6	40	1	DP2-03
3	4.5	14	2	DP1-04	5	6.2	31	2	DP2-04
1	6	6	1	DP1-05	4	5.3	21	2	DP2-05
2	5.5	11		DP1-06	2	6	12	2	DP2-06
4	4.8	19	2	DP1-07	5	6	30		DP2-07
3	4.7	14	2	DP1-08	2	7	14	2	DP2-08
2	5	10		DP1-09	4	6.3	25	1	DP2-09
4	5.2	21	2	DP1-10	3	6.5	20	2	DP2-10
4	4.2	17	2	DP1-11	5	6.5	33	1	DP2-11

续表

P1					P2				
数量	价格	收入	账期	编号	数量	价格	收入	账期	编号
2	4.7	9	1	DP1-12	2	7	14	1	DP2-12
5	4	20	2	DP1-13					

第五年本地市场订单

P1					P2				
数量	价格	收入	账期	编号	数量	价格	收入	账期	编号
3	4.3	13	2	LP1-01	4	6.1	24		LP2-01
2	5	10		LP1-02	5	6.2	31	1	LP2-02
3	3.7	11	1	LP1-03	4	6	24	1	LP2-03
3	4	12	2	LP1-04	6	6.5	39		LP2-04
2	4.5	9	1	LP1-05	4	6.3	25	2	LP2-05
4	4	16		LP1-06	6	6	36	2	LP2-06
2	3.9	8	2	LP1-07	3	6.2	19	1	LP2-07
1	5	5	3	LP1-08	4	6.4	26	2	LP2-08
3	4	12	2	LP1-09	3	6.2	19	2	LP2-09
4	4.1	16	2	LP1-10	6	6.5	39	1	LP2-10
5	4	20	3	LP1-11	2	6.3	13	1	LP2-11
2	4.3	9	2	LP1-12	5	6	30	2	LP2-12
					3	6.1	18	2	LP2-13
					3	6	18		LP2-14
					5	6	30	1	LP2-15

第五年区域市场订单

P1					P2				
数量	价格	收入	账期	编号	数量	价格	收入	账期	编号
2	4	8	1	RP1-01	2	7.5	15	3	RP2-01
5	4.5	23	2	RP1-02	5	6.5	33	2	RP2-02
3	4.3	13	2	RP1-03	4	6	24	2	RP2-03
2	4.2	8		RP1-04	3	7.3	22	2	RP2-04
1	4	4	1	RP1-05	2	6.5	13	1	RP2-05
3	4.2	13	3	RP1-06	1	7	7		RP2-06
4	4	16	3	RP1-07	4	7	28	2	RP2-07
1	4	4	2	RP1-08	3	6.4	19	2	RP2-08
					5	6.5	33	3	RP2-09
					6	7.1	43	2	RP2-10

第五年国际市场订单

P1					P2				
数量	价格	收入	账期	编号	数量	价格	收入	账期	编号
6	4.5	27	1	DP1-01	6	6.6	40	2	DP2-01
4	5	20	2	DP1-02	4	7	28		DP2-02
5	5.1	26	2	DP1-03	3	6.3	19	2	DP2-03
3	4.3	13	1	DP1-04	5	7	35	3	DP2-04
1	4	4		DP1-05	4	6.8	27	1	DP2-05
2	4.5	9	2	DP1-06	3	7.2	22	2	DP2-06
4	5	20	2	DP1-07	1	7	7		DP2-07
3	4.6	14	1	DP1-08	2	7	14	2	DP2-08
4	5	20	2	DP1-09	4	6.9	28	3	DP2-09
6	5.2	31	2	DP1-10	4	6.8	27	2	DP2-10
5	4.5	23	2	DP1-11	2	7.2	14	1	DP2-11
3	4	12	2	DP1-12	3	6.9	21	2	DP2-12
					4	6.9	28	3	DP2-13
					6	6.9	41	4	DP2-14

第六年本地市场订单

P1					P2				
数量	价格	收入	账期	编号	数量	价格	收入	账期	编号
2	4.1	8	2	LP1-01	6	6.2	37	1	LP2-01
3	4	12	1	LP1-02	4	6	24	2	LP2-02
2	3.8	8	2	LP1-03	6	6	36	2	LP2-03
2	4	8	2	LP1-04	2	6.5	13	1	LP2-04
2	4.3	9	3	LP1-05	3	5.8	17	2	LP2-05
1	4	4	3	LP1-06	4	5.5	22	1	LP2-06
3	4	12	2	LP1-07	3	5.6	17	1	LP2-07
4	4.1	16	1	LP1-08	7	6	42	2	LP2-08
2	3.9	8	2	LP1-09	3	5	15	1	LP2-09
3	4.1	12	2	LP1-10	2	6.2	12		LP2-10
					7	6.2	43	2	LP2-11
					5	6.1	31	2	LP2-12
					4	5.8	23	1	LP2-13
					3	6	18		LP2-14
					2	6.4	13	2	LP2-15
					5	6.6	33	2	LP2-16

第六年区域市场订单

P1					P2				
数量	价格	收入	账期	编号	数量	价格	收入	账期	编号
1	5	5	1	RP1-01	4	6	24	1	RP2-01
2	4.1	8	2	RP1-02	5	6	30	1	RP2-02
1	4	4	2	RP1-03	3	6.3	19	2	RP2-03
2	4.5	9	1	RP1-04	1	6	6		RP2-04
4	4	16	1	RP1-05	6	6.5	39	2	RP2-05
3	3.8	11		RP1-06	4	6.5	26	1	RP2-06
3	3.9	12		RP1-07	5	6.5	33	2	RP2-07
5	3.9	20	1	RP1-08	4	6.5	26		RP2-08
					3	6.5	20	2	RP2-09
					3	6.5	20	3	RP2-10

第六年国际市场订单

P1					P2				
数量	价格	收入	账期	编号	数量	价格	收入	账期	编号
2	4.5	9	1	DP1-01	3	7.2	22	2	DP2-01
4	4	16	2	DP1-02	4	7.2	29	2	DP2-02
3	4.3	13	1	DP1-03	3	6.7	20	1	DP2-03
5	4.5	23	1	DP1-04	7	6	42	2	DP2-04
3	4	12		DP1-05	5	7	35	1	DP2-05
3	4	12		DP1-06	3	7.4	22	1	DP2-06
6	4	24	1	DP1-07	1	7	7	3	DP2-07
3	4.2	13	2	DP1-08	4	7.2	29	3	DP2-08
4	4	16	1	DP1-09	4	6.8	27		DP2-09
6	4.4	26	2	DP1-10	3	6.5	20	1	DP2-10
2	4	8		DP1-11	6	7.1	43	2	DP2-11
4	4.4	18	1	DP1-12	2	7	14	2	DP2-12
5	4.4	22	2	DP1-13					
2	4.8	10	3	DP1-14					

第二单元　现代工厂——从面包坊到数智工厂

通过本单元，我们学会了：

1. 熟练掌握并运用企业规则；
2. 认知沙盘电子盘的运行步骤。

一、面包坊的升级改造

案例二：从面包手工坊到现代化工厂（使用文心一言 AI 创编故事）

“香＊园面包坊”从手工面包作坊到现代工厂的蜕变，是一段充满挑战与机遇的旅程。

起初，“香＊园面包坊”只是一个温馨的小作坊，李师傅的儿子李小明接手作坊后，利用在高职院校学到的新技术、新工艺对产品进行创新与改良，小伙子凭着对面包的热爱和执着，做了大量的市场调研，研究新一代年轻人既注重口味更注重健康的需求，带领面包师们精心制作每一款新面包。随着顾客需求的日益增长，李小明意识到，仅仅依靠手工生产已经无法满足市场需求。于是，他决定带领作坊走上现代化、规模化的道路。

首先，李小明在原本的手工生产线、全自动生产线的基础上，引进了柔性生产线，这不仅大大提高了生产效率，还使得面包的品质更加稳定可靠。随着生产线的升级，作坊逐渐扩展为大厂房，员工数量也不断增加。

然而，仅仅依靠改进生产线并不能满足市场的多样化需求。李小明意识到，要想在激烈的市场竞争中脱颖而出，必须不断创新和拓展产品线。于是，他开始研发新产品，从传统的面包拓展到蛋糕、甜点等多元化产品，柔性生产线可以根据市场需求灵活调整生产计划和产品种类。

随着产品线的不断丰富和生产能力的不断提升，“香＊园面包坊”逐渐在本地市场树立了良好的口碑。然而，李小明并没有止步于此，他开始将目光投向更广阔的市场。他带领团队不断拓展国内市场，甚至将产品远销至亚洲各地。

在拓展市场的过程中，李小明深知品质是企业的生命线。为了确保产品的品质和安全性，他积极引进先进的质量管理体系，并带领企业获得了ISO资格认证。这一认证不仅证明了“香＊园面包坊”在品质管理方面的卓越表现，也为企业赢得了更多客户的信任和认可。

如今，“香＊园面包坊”已经从一个小作坊成长为一个现代化的食品工厂，产品种类丰富多样，市场覆盖广泛。然而，李小明并没有忘记初心，他始终坚信，只有坚持品质和创新，才能让企业在激烈的市场竞争中立于不败之地。

在未来的日子里，“香＊园面包坊”将继续秉持着这一信念，不断创新和发展，为消费者带来更多美味、健康、安全的产品。

二、数智工厂的规则

（一）供应系统

原材料

名称	购买价格	提前期
R1	1万元/个	1季
R2	1万元/个	1季
R3	1万元/个	2季
R4	1万元/个	2季

（1）原材料采购需提前下订单，其中R1、R2采购提前期为1Q，R3 、R4采购提前期为2Q。

（2）原材料到货后必须根据采购订单如数接受相应原材料入库，并按规定支付原材料款，不得拖延。

（3）注意：如果没有提前下订单导致原材料库存短缺，需要紧急采购原材料，需支付的成本是正常采购的2倍，即如果采购1个R1材料，需要支付1万元，而紧急采购1个R1则需要支付2万元。所以，紧急采购1个R1材料需要的采购成本为2万元，直接计入成本。

（二）生产系统

1. 生产线

生产线	购置费	安装周期	生产周期	维修费	折旧	残值	转产周期	转产费
手工生产线	4万元	0季	2季	1万元/年	1万元/年	1万元	无	无
全自动生产线	12万元	2季	1季	2万元/年	3万元/年	3万元	1季	2万元

续表

生产线	购置费	安装周期	生产周期	维修费	折旧	残值	转产周期	转产费
柔性生产线	16 万元	2 季	1 季	2 万元 / 年	4 万元 / 年	4 万元	无	无
租赁生产线	0 万元	0 季	1 季	6 万元 / 年	无	−5 万元	1 季	2 万元

（1）所有生产线都能生产所有产品，所需支付的加工费相同，1 万元 / 产品。

（2）购买：生产线购置费按一次性支付，全自动生产线和柔性生产线安装周期为 2 季度，2 个季度后才安装完成，允许投入使用；手工生产线和租赁生产线的安装周期为 0 季度，表示即买即用。

（3）转产：现有生产线转产生产新产品时需要一定转产周期并支付一定转产费用，转产费支付后下一个季度方可更换产品标识，生产产品（只有闲置的生产线方可转产）。

（4）折旧：除租赁线外，其他生产线计提折旧从购买季度算起，到期一年计提折旧，如：第一年第二季度建成生产线，第二年第二季度季初计提折旧，注意计提折旧损失权益！当净值等于残值时不再计提折旧，但可以继续使用，另外租赁生产线不用计提折旧。

（5）维护：生产线购买并建成，无论是否使用，都需交维修费，如：第一年第二季度建成全自动生产线，第二年第二季度季初支付 2 万元维修费；特别注意租赁生产线不用计提折旧，但必须支付维修费，如：第一年第二季度引入租赁生产线，则第二年第二季度需要支付租赁费 6 万元。

（6）出售：出售购买的生产线，如果生产线净值等于残值，将净值转换为现金；如果生产线净值大于残值，将相当于残值的部分转换为现金，将差额部分作为费用处理（计入利润表的营业外支出）；如处理不需要使用的租赁生产线，则需要支付 5 万元费用，计入营业外支出，并减少权益。

2. 产品研发

名称	研发费用	研发周期	加工费	直接成本	产品组成
P1	1 万元 / 季 ×1 季 =1 万元	1 季	1 万元 / 个	2 万元 / 个	R1
P2	3 万元 / 季 ×1 季 =3 万元	1 季	1 万元 / 个	3 万元 / 个	R1+R2
P3	3 万元 / 季 ×2 季 =6 万元	2 季	1 万元 / 个	4 万元 / 个	2R2+R3
P4	2 万元 / 季 ×3 季 =6 万元	3 季	1 万元 / 个	5 万元 / 个	R2+R3+2R4

（1）可以同时研发投资几种新产品，均需一次性支付；

（2）研发投资完成后，换取产品生产资格证，方可生产对应产品，研发投资计入综合费用。

（三）销售系统

1. 市场准入

市场	开发费用	开发时间
本地	1 万元 / 季 ×1 季 =1 万元	1 季
区域	1 万元 / 季 ×1 季 =1 万元	1 季
国内	1 万元 / 季 ×2 季 =2 万元	2 季
亚洲	1 万元 / 季 ×4 季 =4 万元	4 季
国际	1 万元 / 季 ×6 季 =6 万元	6 季

（1）不同市场投入的费用及时间不同，各市场开发可同时进行，开发费用一次性支付。

（2）待市场开发完成后，领取相应的市场准入证，方可接该市场的订单。

2. ISO 资格认证

资格	开发费用	时间
ISO 9000	1 万元 / 季 ×2 季 =2 万元	2 季
ISO 14000	1 万元 / 季 ×4 季 =4 万元	4 季

ISO 认证，两项认证投资可同时进行，需一次性支付，相应投资完成后领取 ISO 资格证。

3. 广告、销售会议与订单争取

广告：最低广告投入为 1 万元，每增加 2 万元的广告投入，理论上增加一次选单机会，直到没有订单。

订单选择顺序：按产品的广告投入量的多少，依次选择订单；若在同一产品上有多家企业的广告投入相同，则按该市场上全部产品的广告投入量决定选单顺序；若仍然相同则按上年订单销售额的排名决定顺序；如仍相同则先投放广告者先选择订单。

订单下端一般标注企业对加工单位的资质要求及交货期。资质一般有 ISO 9000 和 ISO 14000 两种，企业必须取得相应的资格证书才有资格接受这类客户订单。

严格按照订单交货，如果不能按期交货，当年扣除该张订单总金额的 40% 作为违约金（四舍五入），注意违约金计入营业外支出，扣减权益！

4. 破产界定

当现金断流，即为零，或实时权益为负，则企业破产。

（四）融资规则（利息四舍五入）

贷款类型	贷款时间	贷款额度	利率（季或年）	还款方式
长期贷款	每季度初	所有贷款不超过上 1 年所有者权益的 2 倍	2%/ 季	季初付息，到期还本
短期贷款	每季度初	所有贷款不超过上 1 年所有者权益的 2 倍	5%/ 年	到期一次还本付息
直接融资	每季度初	所有贷款不超过上 1 年所有者权益的 2 倍	3%/ 季	到期一次还本付息
资金贴现	任何时间	视应收款额	5%（1 季，2 季） 10%（3 季，4 季）	贴现各账期分开核算，分开计算利息
库存拍卖	原材料八折，产品按成本价八折			

（1）贷款额度：所有贷款的总额度（包括已借但未到还款期的贷款）为上年权益总计的 2 倍。

（2）长期贷款最多可贷 2 年，短期贷款期限为 4 个季度（1 年），直接融资限期为 1 个季度，所有均不可提前还款。

（3）长贷借入当季不付息，下一季季初开始，每季支付利息，到期还本付息；直接融资、短贷到期时，一次性还本付息。

（4）应收款不论期限长短，均可在任何一个季度贴现，但不可联合贴现，分开贴现计算贴息。

起始资金	80 万元	贷款额倍数	2 倍
长贷利率	2%/ 季	短贷利率	5%/ 年
直接融资	3%/ 季		
1.2 期贴现率	5%	3.4 期贴现率	10%
长贷期限	8 季	短贷期限	4 季
直接融资期限	1 季	管理费用	1 万元 / 季
违约金比例	40%	所得税率	25%
原料紧急采购倍数	2 倍	产品紧急采购倍数	4 倍

（五）教学排名

教学结果以各小组第 5 年结束后的最终所有者权益为评判标准，所有者权益越高，排名越靠前。如果出现所有者权益相等，则先完成第 5 年的组排在前面。注意：各组综合费用、利润表或资产负债表出错，每项扣权益 1 万元，最多扣 3 万元。

三、电子沙盘流程

（一）申请贷款

（二）提交费用

费用管理

ID	款项	金额	标准说明	操作
1	管理费用	10000	每季【10000.00】元	缴纳

（三）订购原材料

更新原料库

原料商店

编号	原料名称	本季度价格	剩余数量	送货期	账期	操作
1	R1	10000	500000	1季度	0季度	下单
2	R2	10000	500000	1季度	0季度	下单
3	R3	10000	500000	2季度	0季度	下单
4	R4	10000	500000	2季度	0季度	下单

1

原料订单　原料库存　产品库存

编号	订单编号	原料名称	数量	总价	收货期	操作

（四）购买设备

设备管理

设备规则

线型	安装时间	价格	生产时间	基础产量	转产时间	转产价格	残值	维修费用	手工工人	高级工人	折旧年限
手工线	0	40000	2	1	0	0	10000	10000	1	0	3
自动线	2	120000	1	1	1	20000	30000	20000	0	2	3
智能线	2	160000	1	1	0	0	40000	20000	1	1	3
租赁线	0	0	1	1	1	20000	-50000	60000	1	1	0

1

设备管理

选择线型 选择产品 新增 生产线数量上限：16

编号	线型	安装时间	状态	产品标识	净值	操作

（五）产品研发

产品研发

序号	资质名称	申请时间	需要资金(元)
1	P1	1季度	10000
2	P2	1季度	30000
3	P3	2季度	60000
4	P4	3季度	60000

1

产品资质状态 ISO认证状态

序号	产品名称	状态	申请期	完成期	操作
1	P1	未申请			申请
2	P2	未申请			申请
3	P3	未申请			申请
4	P4	未申请			申请

1

（六）ISO 认证

产品研发

产品资质规则 ISO认证规则

序号	ISO认证名称	认证周期	需要资金(元)
1	ISO9000	2季度	20000
2	ISO14000	4季度	40000

1

产品资质状态 ISO认证状态

序号	ISO名称	状态	申请期	完成期	操作
1	ISO9000	未认证			认证
2	ISO14000	未认证			认证

1

（七）市场开拓

序号	渠道名称	开拓周期	需要资金(元)
1	本地	1季度	10000
2	区域	1季度	10000
3	国内	2季度	20000
4	亚洲	4季度	40000

< 1 2 >

序号	渠道名称	开拓周期	需要资金(元)
5	国际	6季度	60000

序号	渠道名称	状态	开拓期	完成期	操作
1	木地	未开拓			开拓
2	区域	未开拓			开拓
3	国内	未开拓			开拓
4	亚洲	未开拓			开拓

< 1 2 >

序号	渠道名称	状态	开拓期	完成期	操作
5	国际	未开拓			开拓

< 1 2

（八）广告投放

广告投放

产品市场	本地市场	区域市场	国内市场	亚洲市场	国际市场
P1	10000	10000	10000	0	0
P2	10000	10000	10000	0	0
P3	0	0	0	0	0
P4	0	0	0	0	0

提交 保存

（九）参加订货会

订货会

本地市场（P1,2）区域市场（P1,2） 正在选单

本地市场 区域市场 国内市场 亚洲市场 国际市场

2组参加第3年订货会,当前回合为本地市场市场、P1产品、选单用户2、剩余选单时间为56秒 放弃选单

ID	用户	产品广告	市场广告	销售额	次数
1	2	10000	20000	130000	1

编号	总价	单价	数量	交货期	账期	认证	操作
66	80000	40000	2	4	0	1	选单
67	170000	42500	4	4	1	无	选单
68	50000	50000	1	3	1	无	选单
69	270000	45000	6	3	2	无	选单
70	100000	50000	2	2	2	1 2	选单
71	140001	46667	3	2	1	无	选单
72	190000	47500	4	1	2	无	选单

（十）填写报表

填写报表

综合费用表 利润表 资产负债表

项目	值
管理费	0
广告费	0
产线维修费	0
转产费	0
市场开拓	0
产品资质申请	0
ISO认证申请	0
信息费	0
人力费	0
数字化研发费	0
合计	0

提交 保存

填写报表

综合费用表 | 利润表 | 资产负债表

项目	值
销售收入	0
直接成本	0
毛利	0
综合管理费用	0
折旧前利润	0
折旧	0
支付利息前利润	0
财务费用	0
营业外收支	0
税前利润	0
所得税	0
净利润	0

提交　保存

（十一）填写财务指标

填写财务指标

类型	指标	公式	值
偿债能力	流动比率	流动资产/流动负债*100%	0
	速动比率	速动资产/流动负债*100%	0
	资产负债率	负债总额/资产总额*100%	0
	产权比率	负债总额/所有者权益总额*100%	0
获利能力	营业净利润率	营业利润/营业收入*100%	0
	成本费用率	利润总额/成本费用总额*100%	0
	资产报酬率	息税前利润总额/平均资产总额*100%	0
	净资产收益率	净利润/平均净资产*100%	0
发展能力	营业收入增长率	本年营业收入增长额/上年营业收入*100%	0
	资本保值增值率	年末所有者权益总额/年初所有者权益总额*100%	0
	总资产增长率	本年总资产增长额/年初资产总额*100%	0
营运能力	存货周转率	销售成本/平均存货	0
	存货周转天数	365/存货周转率	0
	应收账款周转率	销售收入/应收账款平均余额*100%	0
	应收账款周转天数	365/应收账款周转率	0
	现金周转期	应收账款周转天数+存货周转天数-应付账款周转天数	0

本年结束　保存

工作照粘贴处

姓名：____________

职位：____________

组号：____________

工作照粘贴处

姓名：____________

职位：____________

组号：____________

工作照粘贴处

姓名：____________

职位：____________

组号：____________

工作照粘贴处

姓名：____________

职位：____________

组号：____________

工作照粘贴处

姓名：__________

职位：__________

组号：__________

工作照粘贴处

姓名：__________

职位：__________

组号：__________

工作照粘贴处

姓名：__________

职位：__________

组号：__________

工作照粘贴处

姓名：__________

职位：__________

组号：__________

1
手工生产线
2
3

1
手工生产线
2
3

1
手工生产线
2
3

1
手工生产线
2
3

全自动生产线

全自动生产线